W0035323

Bernd Joschke
Peter Stemmann

ZEN

UND

MANAGEMENT

Der
meisterliche
Weg

Die Deutsche Bibliothek – CIP-Einheitsaufnahme

Joschke, Bernd:
Zen und Management : der meisterliche Weg / Bernd Joschke ;
Peter Stemmann. – München ; Landsberg am Lech : mvg-verl.,
1995
  ISBN 3-478-71360-9
NE: Stemmann, Peter:

Bei den im Buch dargestellten Kalligraphien handelt es sich um Tuschzeichnungen von Priestern des Hokoji-Tempels. Der oberste Abt des Hokoji-Tempels – er gehört dem Rinzai-Zen an – ist Oi Saidan Roshi. Der Tempel befindet sich in der Nähe von Hamamatsu (auf halber Strecke zwischen Tokio und Kyoto). Die Tuschzeichnungen wurden für eine Ausstellung angefertigt zu dem Thema "Worpswede trifft Japan – Ein japanischer Zen-Tempel stellt sich vor". Die Veröffentlichung geschieht mit freundlicher Genehmigung von SHIDO-Worpswede und Zen-Kreis Bremen.

Wir danken dem Künstler Manfred Wenzel (Köln) für seine freundliche Unterstützung zu diesem Buch.

Das Papier dieses Buches wird möglichst umweltschonend hergestellt und ist chlorfrei gebleicht.

© mvg-verlag im verlag moderne industrie AG, München/Landsberg am Lech
Umschlaggestaltung: Gruber & König, Augsburg
Fotos: Wolf-Dieter Wichmann, Bremen/Michael Sabaß, Bremen
Satz: Fotosatz H. Buck, 84036 Kumhausen
Druck- und Bindearbeiten: Ebner Ulm
Printed in Germany 071 360/395302
ISBN 3-478-71360-9

Unseren Müttern

Diejenigen, die es kennen,
reden nicht.
Diejenigen, die darüber reden,
sind weit davon entfernt.

(Laotse)

Inhalt

Zen –
der meisterliche Weg

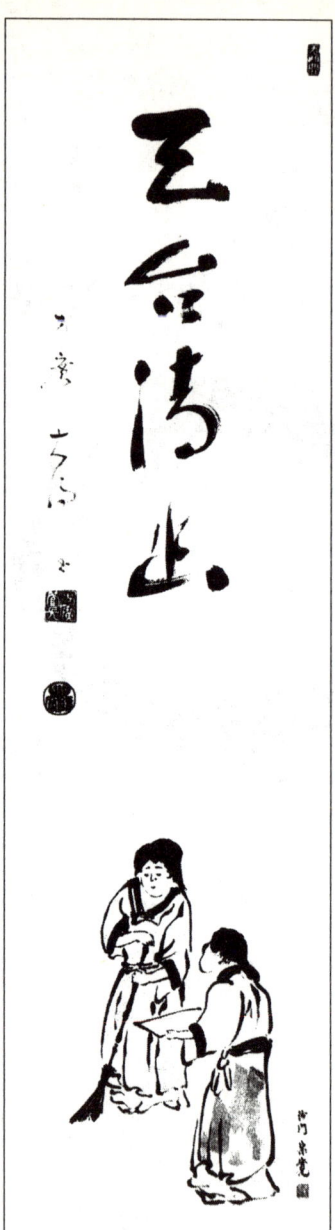

Reine Freundschaft
auf dem Tenchai-Berg
Oi Saidan Roshi (Text)
Hayashi Sokan Osho (Bild)

12

Zazen üben heißt, sich selbst erkennen.
Sich selbst erkennen heißt, sich selbst vergessen.
Sich selbst vergessen heißt, von allen Dingen
erleuchtet werden.

Dogen

Das Ziel

Zen ist ein Training zur radikalen Selbstverantwortlichkeit. Wer einmal den Weg des Zen beschritten hat, der kann Begriffe wie Schuld, Sühne, Sünde, Gnade aus seinem Vokabular und Verständnis streichen. Statt dessen tritt in das Bewußtsein: ,,Du bist das Zentrum deiner Welt. Du setzt die Ursachen für deine Lebenssituation. Die Welt, in der du lebst, ist dein Produkt. Du bist Schöpfer deiner Welt – aber auch deiner Apokalypse.''

Jeder, der sich dem Zen-Training kontinuierlich und konsequent unterzieht, kommt früher oder später (je nach persönlichem Einsatz) zu dem (Selbst-)Verständnis: ,,Ich bin meine Welt.''

Dieses Bewußtsein stellt einen in das Zentrum seines eigenen Universums – dieses Bewußtsein duldet allerdings nicht die geringste Entschuldigung oder Schuldabwälzung für Nachlässigkeit, Probleme, Katastrophen, Unglück und Miseren. ,,Ich und nur ich bin ursächlich und trage für all dies die Verantwortung'', lautet der Weg des Zen. Ein solches Bewußtsein ist nicht ein Zufallsprodukt, sondern muß kontinuierlich aufgebaut werden. Zen geht von der

13

grundsätzlichen Überzeugung aus, daß in jedem Menschen die Fähigkeit steckt, sich aus Verstrickung und Unwissenheit durch eigene Kraft zu lösen. Das braucht Zeit – Eichen wachsen eben langsam. Dieses (Selbst-)Bewußtsein ist notwendige Voraussetzung für Führungskräfte und Manager, denn aus ihm erwachsen Ethik, Ausdauer, Achtsamkeit, Kraft und Kontinuität zur Bewältigung von Anforderungen und Problemen.

Der Ursprung

Zen − gesprochen mit einem weichen S − ist eine Richtung des Buddhismus, die von Indien über China nach Japan gekommen ist und auf Shakyamuni Buddha zurückgeht. Dieser löste die Frage „was die Welt im Innersten zusammenhält" und gab äußerst praktische Empfehlungen an seine Schüler.

Eine dieser Empfehlungen war: „Gehe immer tiefer in dich hinein, in das Zentrum deines Selbst (so es eines gibt) und erfahre du persönlich die Lösung". Diese Übung ist ein sogenanntes Jhana-Training, ein immer wiederholtes Training des Eintauchens in die eigene Stille.

Auf dem Weg durch die Kontinente hieß dieses Training in Indien „Dyhana", in China, „Chan" und letztlich in Japan „Zen."

Zen kann also in ungefähr übersetzt werden mit „Einheit, Stille, Wahrheit" oder „Wirklichkeit". Zen-Übung ist demnach ein Training zum Erfahren der eigenen ursprünglichen Wirklichkeit.

Dieses Training wird von Profis wie von Laien geübt. Die Profis heißen Mönche, und die Laien sind all die anderen, die sich der Frage, was die Welt im Innersten zusammenhält, stellen wollen. Es geht nicht darum, etwas zu glauben, sondern es geht darum, angeleitet durch Empfehlungen eigene *Erfahrungen* zu machen. Es geht auch nicht um intellektuelle Einsicht, sondern darum, mit Körper und Geist ursprüngliche Wirklichkeit zu *erleben*. So wie in jedem anderen Training, − etwa beim Tennis − wieder und wieder derselbe Ablauf, etwa derselbe Aufschlag, geübt wird, so wird beim Zen-Training wieder und wieder das Eintauchen in die Stille geübt, damit diese Stille von jeder Zelle des Körpers erfahren wird.

Zen-Übende stellen sich also die scheinbar unmögliche Frage nach dem letzten Sinn. Die Existenz schenkt ihnen die Antwort.

Das Training

Beim Zen handelt es sich um eine körperlich-geistige Übung, bei der zunächst der körperliche Aspekt in den Vordergrund gerückt wird. Hauptaugenmerk liegt auf dem Zazen, was ungefähr bedeutet: „Sitzen in Stille" oder „Sitzen in Versenkung". Das Prinzip lautet: Wenn der Körper gerade sitzt, sitzt auch der Geist gerade.

Dieses Training wird von Zen-Laien möglichst einmal am Tag geübt, von Mönchen tagaus, tagein, je öfter und je länger, desto besser.

Ziel des körperlichen Trainings ist, den Geist leer zu machen — frei von allen *Vor*stellungen. Ist der Geist ohne jede Vorstellung, begegnet er der Wirklichkeit direkt. Direktes, unverstelltes, intuitives Erkennen der Wirklichkeit ist das Ziel des zum Teil unerträglich harten Zen-Trainings. Aus dem Erkennen ergibt sich dann intuitives und unverstelltes Handeln, ohne daß ein Gedanke zwischen Erkenntnis und Tat tritt.

Der Alltag

Das beschriebene Training ist beides: Selbstzweck und Endzweck. Wenn man Zazen übt, dann übt man *nur* Zazen, wenn der Alltag einen fordert, dann muß man diesem Tribut zollen. Der Zen-Weg ist ein Weg des Alltags. Das, was einem durch das Training geschenkt wird, drückt sich später in jeder Handlung aus. Dabei geht es vor allen Dingen darum, jeweils das *Angemessene* zu tun. Wenn ich auf der Toilette war, spüle ich. Wenn die Blätter vom Baum fallen, fege ich. Wenn ein Angebot abgegeben werden muß, schreibe ich es. Wenn ich einen Termin um 9.00 Uhr mit einem Geschäftspartner habe, bin ich um zwei Minuten vor 9.00 Uhr anwesend. Wenn ich gegessen habe, dann putze ich meine Reisschalen.

In diesen kleinen Schritten hilft Zazen, ein Mensch zu werden. Dieser Mensch steht dann tatsächlich im Mittelpunkt seiner Welt, weil er für das, was ihm widerfährt, bewußt Ursachen setzt und die Verantwortung im vollen Maße übernimmt − im Kleinen wie im Großen. Er lernt die Form, er beherrscht die Form und wird dann über sich hinaus in die Freiheit entlassen. Das ist das Ziel des Zen-Trainings.

Diese Fähigkeit wird gefunden im Teeweg (Chado), im Schwertweg (Ken-do) genauso wie im Weg des Managers − alles Wege des Alltags, die einen direkt ins Zentrum der eigenen Welt führen. Daß ein solcher Weg unendlich lang ist, wissen wir alle − aber auch ein unendlich langer Weg führt einen jeden Augenblick ans Ziel − und vor allem, er beginnt mit dem ersten Schritt.

Die Adressaten

Durch seine Kraft und seine Disziplin und durch die unglaublich zupackende Art der Bewältigung des alltäglichen Lebens, durch seine feine Art von Humor und durch sein schallendes Lachen ist Zen für viele Menschen schillernd und faszinierend. Sie beginnen den Weg, scheitern jedoch bei den ersten Schwierigkeiten — sei es, daß sie die unweigerlich eintretenden Schmerzen des täglichen Sitzens nicht ertragen, sei es, daß sie sich geistig der Disziplin und Konzentration nicht stellen mögen. Der Zen-Weg setzt also schon von Anfang an Willensstärke, Zielstrebigkeit und eine gute Portion Zähigkeit voraus. Es ist also kein Weg, der von ,,oben'' angeordnet werden kann, sondern es ist nur dann ein Weg, der Freude macht und einen letztendlich tief beschenkt, wenn schon der unbedingte Wunsch vorhanden ist, tatsächlich ,,Schöpfer seiner Welt'' zu werden. Aus diesem Grund sind gerade auch Manager die richtigen Adressaten von Zen — sie haben in der Regel sich selbst und anderen bewiesen, daß sie sehr wohl in der Lage sind, kontinuierlich, diszipliniert und mit nicht nachlassender Motivation einen Weg zu beschreiten, sich Ziele zu setzen, diese zu erreichen und weiterzugehen.

Zudem sitzen Manager an Schaltstellen unserer Gemeinschaft. Von ihnen wird ein Verhalten gemäß der Wirklichkeit erwartet. Es soll dem Wohl aller dienen. Gerade Manager haben durch ihre Position und oftmals auch ihre Macht die Möglichkeit, in richtiger Weise Wirklichkeit zu gestalten.

Wer den Zen-Weg kontinuierlich geht, erkennt die Wirklichkeit, wie sie ist und wie sie funktioniert. Er erkennt weiter, welche Konsequenzen sein Verhalten in der Wirklichkeit hat, nämlich welche Ursachen er setzen muß, um angestrebte Ziele zu erreichen. Und vor allen Dingen: Wer den Zen-Weg geht, der handelt auch. Er übernimmt Verantwortung, trifft Entscheidungen und schafft die Welt, die ihm entspricht. Das ist dann die vollentwickelte Weisheit der Tat.

Der Weg der Meister

Zen ist ein Weg, der über Jahrhunderte, Jahrtausende immer wieder kontinuierlich und konsequent Menschen zur persönlichen Reife geführt hat. Nicht nur das, sondern im Verlauf der Übung sind sie eingedrungen in die Struktur aller Phänomene. Zen ist ein Weg zur persönlichen Meisterschaft, wie er auch ein ausgefeiltes Trainingsprogramm zur Erkenntnis ist. Und vor allen Dingen ist Zen ein Weg, der nach dem Erkennen der Wirklichkeit weiterführt und von Meistern gegangen wird bis zum Ende ihres Lebens. Das ist dann der Weg der Meister, der im immer weiteren Verfeinern von Einsicht und Verhalten Ausdruck findet.

Damit unterscheidet sich der Zen-Weg von so vielen kleinen Wegen auf dem Ozean der Therapien, Trainings, Schulungen und Managementkursen, sei es nun, daß sie Chaos-Management, Kreativitätstraining, Management by love, oder ,,No-Management'' heißen.

Insbesondere stellt dieser Weg den Übenden in eine Gemeinschaft von anderen Menschen, die alle auf dem Weg zu ihrer persönlichen Meisterschaft sind und die sich in einer ununterbrochen langen Kette befinden. Sie *verstehen,* daß diese Gemeinschaft seit Jahrtausenden gelebt und trainiert wird. Dieses Eingebunden-Sein in ein geistiges, geschichtliches und gesellschaftliches Kontinuum und oftmals sehr persönliches Schüler-Lehrer-Verhältnis bewirkt, daß Egoismen, persönliche Extravaganzen, firmeninterne Querelen, gruppenspezifische Auswüchse irrelevant werden. Auf der anderen Seite wächst ein sehr direktes, klares, entscheidungsfreudiges, wirklichkeitsnahes, soziales Verhalten heran, das sich in jeder Situation und an jedem Ort bewährt.

Die typischen Zen-Wege sind deshalb in Japan der Tee-weg, das Blumenstecken, das Bogenschießen, der Schwert-kampf oder das Tuschezeichnen gewesen. Allerdings kann das „neugewachsene Bewußtsein" in jede beliebige Form fließen, und so ist es durchaus im Sinne der Zen-Künste, wenn Bücher geschrieben werden wie „Zen in der Kunst, ein Motorrad zu warten" oder aber wie dieses Buch „Zen und Management".

Akio Morita, der legendäre Chef von Sony, hat einmal gesagt, Management sei eine Form von Kunst. Management erfordere Kreativität, Initiative, gute zwischen-menschliche Beziehungen, einen Sinn für Organisations-formen und eine tiefe innere Überzeugung, daß der ein-mal eingeschlagene Weg der richtige sei. Manchmal erfor-dere es stundenlange Diskussionen, manchmal sogar monatelange Überlegungen, bevor Entscheidungen getrof-fen würden, während sie in anderen Fällen ein Geistesblitz, ein Moment besonderer Inspiration seien. „Harte Arbeit und plötzliche Eingebung müssen sich in ihrer Kunst er-gänzen", meint Akio Morita.

Und so wie sich Zen mit Wirklichkeit beschäftigt, so handelt dieses Buch eigentlich von nichts anderem als von der *Lebenskunst für Manager*. Und da Kunst nicht nur von Können kommt, sondern auch von Kennen, wer-den wir uns also im weiteren damit beschäftigen, das Leben auf dem Zen-Weg kennenzulernen. Also, herzlich willkommen!

Reich sein

Man hörte einmal von zwei Männern, die über viele Jahre hinweg Freunde geblieben waren. Und das, obwohl sie sich doch sehr unterschiedlich entwickelten. Der eine, nämlich Tanaka Tsutomu, hatte schon während seines Studiums der Psychologie Übungen des Zen-Weges in sein Leben integriert. Täglich übte er zu festen Zeiten das Sitzen in Stille.

An Wochenenden nahm er manchmal an konzentrierten Übungen in der Gruppe, unter Anleitung seines Zen-Lehrers, teil. Oft berichtete er seinem Freund von den Schwierigkeiten und Zweifeln, die ihn manchmal auf diesem Übungsweg begleiteten.

Der andere, Takahashi Minoru, ging zielstrebig seinen Weg durch die kaufmännische Ausbildung, wurde Spezialist für eine innovative Produktreihe und übernahm später die Führung einer Abteilung in einem Großkonzern. Oft erzählte er seinem Freund von den Anstrengungen, den Überstunden und von seinem Traum vom großen Geld.

Eines Tages hatte Takahashi eine, wie er meinte, geniale Idee. Er fragte seinen Freund:

,,Tanaka, du hast mir oft berichtet, wie sehr du die Weisheit und die disziplinierte Reife deines Lehrers Rei Myo bewunderst. Du vertraust seinen Anweisungen und Belehrungen für deine persönliche Entwicklung auf deinem Weg. Niemals hast du erwähnt, daß dein Lehrer dich gehindert hätte, mit dir ein Stück weiterzukommen.''

,,Ja, Takahashi, so war es bisher immer. Nie habe ich etwas anderes erlebt. Was ich nicht erreiche oder schaffe, liegt in mir, nicht in meinem Lehrer. Soweit bin ich schon mal. Aber da, genau da, liegt ja die große Chance weiterzukommen – weil eben alles in mir selbst liegt. Er hilft mir dabei, es zu entdecken."

„Tanaka, warum komme ich erst heute darauf?! Dein Lehrer ist doch längst da angekommen, wo du als nächstes hin willst!"

„Ja und, was nützt das mir?" fragte Tanaka zurück.

„Verstehst du denn nicht? Anstatt dich jeden Tag mit deiner blöden Sitzerei abzumühen – könntest du ihn doch fragen, was zu tun wäre, um möglichst schnell reich zu werden. Dann könntest du in Ruhe üben und bräuchtest nicht zu arbeiten, um zu studieren. Wenn dein Lehrer wirklich so weise und reif ist, dann müßte er eigentlich auch wissen, wie das geht."

„Takahashi, selbst wenn er es wüßte – das ist doch gar nicht sein Ziel", antwortete Tanaka, ohne zu ahnen, worauf sein Freund hinauswollte. Und dann hörte er es laut und deutlich, als Takahashi rief:

„Aber ich – ich wüßte das gerne!"

Tanaka sagte: „Dann frag ihn doch."

So kam es, daß Takahashi ein paar Tage später zum ersten Mal Rei Myo, den Zen-Lehrer seines Freundes, aufsuchte.

Sie saßen sich gegenüber und tranken Tee. Nachdem Takahashi sich zur Klarheit gesprochen hatte, fragte er aufs Geratewohl: „Rei, was müßte ich tun, um reich zu werden?"

Rei Myo lachte ein wenig und sagte dann ganz freundlich:

„Takahashi, es gibt einen Ort, an dem du alles sehen kannst, was du zum Reichtum brauchst. Gerne sage ich dir, wie du diesen Ort findest. Aber es ist eine Bedingung damit verbunden. Du kannst nur ein einziges Mal dahin. Es gibt keine zweite Chance, diesen Ort zu finden."

„Meister, ich weiß nicht, wie ich dir danken soll, wenn du mir hilfst, diesen Ort zu finden. Ich glaube, ich würde eine ganze Menge tun, um dahin zu kommen", sagte Takahashi.

„Das einzige, was du tun mußt, ist achtsam sein. Sonst nichts. Sei achtsam."

So kam es, daß Rei Myo diesen jungen Mann, der nicht schnell genug reich werden konnte, mit verbundenen Augen über viele Wege, Brücken und um ebenso viele Ecken und Stufen zu einem Platz führte, an dem er sich im weichen trockenen Moos niederlassen konnte. Er nahm ihm die Binde von den Augen und bat ihn, sich langsam an das Licht zu gewöhnen. Bevor er sich verabschiedete, sagte er noch zu Takahashi:

„Hier in diesem schönen Garten hast du alles, was du zum Leben brauchst. Bleib hier vier Tage und vier Nächte. Du kannst deinen Reichtum sehen. Nimm ihn dann einfach mit, wenn ich dich abhole."

Das waren die letzten Worte von Rei Myo, bevor er sich umdrehte und davonging.

Takahashi machte sich recht schnell mit der neuen Situation vertraut. Er sah, daß er in einem weiten Garten mit herrlichen Blumen und Sträuchern war. Und er sah auch gleich, daß es ihm hier an nichts mangeln würde. Vor ihm auf der Wiese war eine Hütte, die ihm Schutz bieten konnte. Gleich daneben standen prächtige Obstbäume mit saftigen Früchten, und als er sich umdrehte, sah er diesen wunderbaren kleinen Bach, aus dem er trinken konnte.

Takahashi verbrachte die erste Nacht mit vielen Gedanken über das, was er mit Rei Myo bisher erlebt hatte. Er bereute nicht, ihn getroffen zu haben. Am nächsten Tag setzte er sich an den kleinen Bach und badete seine Füße darin. Er genoß das herrlich klare Wasser. Er merkte auch bald, daß die frische Luft voller guter Gerüche war, und so hatte er bald sehr positive Gedanken.

Am Abend des ersten Tages begegnete ihm ein freundlicher junger Mann im Mönchsgewand. Er unterhielt sich mit ihm, fragte ihn, ob er Rei Myo kennen würde, und er erfuhr, daß Rei Myo hier wohlbekannt sei.

In der Nacht versuchte er seine vielen Gedanken zu ordnen, und er fragte sich, wann ihm wohl die große Erkenntnis kommen werde. Tagsüber saß er wieder an seinem Lieblingsplatz am Bach. Heute war ein besonderer Tag. Vögel sangen ihre lustigen Lieder, und die Sonne spiegelte sich glitzernd im Bachlauf. Wie tausend funkelnde Blitze hüpften Lichtpunkte aus den Wellen hervor, die um Steine und Kiesel spielten.

Dieses Lichtermeer der funkelnden Strahlen nahm seinen Höhepunkt am Mittag, als die Sonne ganz hoch am Himmel stand. Aber auch am Abend war immer noch dieses Gewirr von hellen kleinen Blitzen zu sehen, nur daß die Farben jetzt noch zunahmen. Rot, grün, blau, lila, gelb, gold und violett.

Es war phantastisch. So abgelenkt war Takahashi von der Schönheit dieser unverfälschten Natur, daß er fast vergessen hätte, darüber nachzudenken, wie er reich werden könnte.

Aber schließlich hatte er ja noch genügend Zeit, sich solche Gedanken zu machen. Und außerdem glaubte er fest an die Kompetenz eines Meisters wie Rei Myo. Der würde schon wissen, warum gerade dieser Ort seinen Reichtum einleiten könnte.

So vergingen die Tage ohne Entbehrungen viel zu schnell. Takahashi hatte das Gefühl, zu wissen, was Meditation ist. So gedankenversunken und entrückt war er wohl noch nie zuvor gewesen. Und gleichzeitig hatte er das Gefühl, noch niemals so hellwach und voller Energie gewesen zu sein.

Am vierten Tag kam Rei Myo, um ihn wieder aus diesem kleinen Paradies herauszuführen. Bevor er ihm für den Rückweg die Augenbinde gab und ihn bat, sie anzulegen, fragte er:

„Möchtest du noch etwas mitnehmen, Takahashi, eine Frucht, eine Blüte oder sonst etwas?"

„Nein, Meister", sagte Takahashi „letztlich hält doch nur die Erinnerung. Aber eines weiß ich jetzt immer noch nicht – wie kann ich reich werden?"

Rei Myo gab ihm die Binde für die Augen und sagte sehr freundlich: „Komm jetzt, laß uns gehen."

Lange danach, es war mehr als ein Jahr vergangen, erfuhr Tanaka, daß sein Freund, der gerne reich werden wollte, vier Tage in einem Klostergarten verbracht hatte. Dieser Garten, mit seinem wunderschönen Bach darin, war dem Kloster vom reichsten Fürsten des Landes geschenkt worden. Der Grund des Baches, in dem Takahashi so gerne seine Füße badete, war mit reinen Diamanten übersät, die im Sonnenlicht strahlend funkelten.

Kommentar zu: Reich sein

Wenn Sie, lieber Leser oder liebe Leserin, glauben, daß diese Geschichte zu schön ist, um jemals wahr gewesen zu sein — dann mögen Sie recht haben ...

Zen in Buchform? — Das ist mindestens so weit von der Essenz entfernt wie ein Klostergarten von materiellem Reichtum.

... und wenn es beim Lesen in Gedanken einmal funkelt — schauen Sie durch die Oberfläche, und greifen Sie beherzt zu!

Zen –
der innere Kreis

Buddha Geist
Hoizumi Seisyu
Osho

32

1. Der dreifache Kreis

Zen ist Zazen. Zazen ist das stille Sitzen hellwachen Geistes, ohne jeden Gedanken und festgegründet auf dem Sitzkissen (Meditationskissen).

Zen hat nichts zu tun mit Realitätsflucht. Ziel des Zen ist ganz eindeutig *Erkenntnis,* und zwar die Erkenntnis der Wirklichkeit mit allen ihren Merkmalen, genauso, wie sie ist. Besser: wie sie fließt. Erkenntnis ist dabei nicht zu verstehen als intellektuelles Wissen, sondern als hellwache, absolut präsente Gewißheit. Daß sich − so nebenbei − noch eine freudige Grundstimmung einstellt, ist ein willkommener Effekt. Auf jeden Fall ist das Ergebnis der im Zen gewonnenen Einsichten die innere Freiheit.

Im nachfolgenden werden wir in drei Kapiteln ,,den meisterlichen Weg'' mit Ihnen gemeinsam gehen. Einmal den ,,inneren Kreis'', wobei es vorwiegend um die Übung des Zazen, die Kernübung des Zen-Trainings, geht.

Im zweiten Kapitel, dem ,,äußeren Kreis'', geht es um den Alltag, in dem sich der Zen-Geist kontinuierlich bewähren muß.

Im letzten Kreis, der Praxisanleitung, finden Sie ganz konkrete Übungsanleitungen, wie Sie selbst mit dem Zen-Training beginnen können.

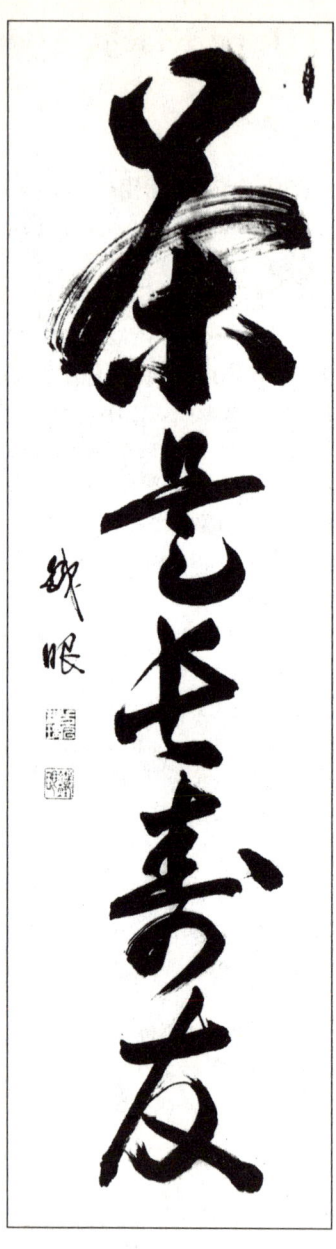

Tee ist der
Freund langen
Lebens
Mathudaira
Thetugeiu Osho

34

Koan

Meister Sekiso sagte: ,,Wie trittst du vorwärts von
der Spitze eines Mastes, der hundert Fuß hoch ist?"
Ein anderer alter Meister sagte: ,,Er muß von der
Spitze des hundert Fuß hohen Mastes vortreten und
seinen ganzen Leib in den zehn Richtungen deutlich
zeigen."

Mumon Kan

2. Der Zen-Weg — die lebenslange Schulung

Zen üben heißt, sich auf den Weg machen nach der ,,Spitze
des Fahnenmastes — nach der letzten Realität des Seins".
Jeder kann diese Realität erfahren — allerdings nur als
Konsequenz ureigener Übung, fortschreitend von Einsicht
zu Einsicht, von Gewißheit zu Gewißheit.

Zen üben heißt ,,weitergehen", und zwar selbst von der
höchsten Spitze der Fahnenstange. Es ist die Geisteshaltung des Voranschreitens — auch wenn das letztgesteckte
Ziel erreicht ist.

Dabei geht es nicht darum, einen sozialen Status, Rang
oder Namen oder etwa materielle Güter oder ähnliches zu
erwerben (wenngleich das in der Regel mit dem Fortschrei-
ten auf dem Zen-Weg der Fall sein wird). Es geht um eine
Lebenshaltung, die besagt: ,,Gehe weiter."

Ein Zen-Meister hat dazu bemerkt: ,,Wenn sich etwas
zu setzen beginnt..., setz' es aufs Spiel!" Das Erreichte
reicht dann nicht mehr. Der gegenwärtige Zustand ist im-

mer verbesserungswürdig und *verbesserungsfähig!* In ihm liegt die Chance zu permanentem Wachstum, Ausdehnung, zur Reifung und zum Überschreiten aller Grenzen. Jede Situation, jeder Mensch, jede Begegnung ist Möglichkeit zur Schulung und Vervollkommnung. Schulung heißt in diesem Sinne, bei sich selbst in die Schule des Lebens gehen. Man nimmt ununterbrochen bei sich selbst und in seiner Umwelt Nachhilfeunterricht und begreift sich als jemand, der ständig durch den Lauf der Dinge beschenkt wird mit der Chance weiteren Wachstums.

Diese Herangehensweise an die Welt ist ein Geisteszustand, der sich selbst weder versteht als Subjekt von Haben noch als Objekt von Sein, sondern als in einem Prozeß des Werdens befindlich, und zwar in dem Sinne, daß man ständig über sich hinaus wächst. Dabei geht man nicht so sehr von negativen Aspekten aus, daß der gegenwärtige Zustand noch nicht ausreicht, sondern vielmehr von der Einschätzung, daß jeder Moment die Fähigkeit zur Verfeinerung, Optimierung und Kultivierung bietet. Eine solche Geisteshaltung hat den permanenten persönlichen „Quantensprung" im Trainingssystem eingebaut.

Man begreift sich im Laufe der Übung immer mehr als ein Mensch, der dieses Training nicht nur akzeptiert, sondern dessen Ausdruck wird. Das Training macht einen zum „Zen-Menschen", das heißt zu einem Menschen, der sich (bewußt) entschlossen hat und bereit ist, sich permanent dem selbstgewollten Lernen und Verändern, kurzum dem Wandel, hinzugeben.

Ein Grundsatz im Zen-Buddhismus lautet, daß das einzig Beständige der Wandel ist. Sich diesem Wandel bereitwillig hinzugeben und sich ein Leben lang zu schulen, sich den wechselnden Phänomenen angemessen gegenüber zu verhalten, das bedeutet, mit körperlicher und geistiger Fri-

36

sche in der Welt zu agieren und selbst in hohem Alter noch zu lernen. Je mehr und je weiter man sich diesem Prinzip verschreibt, desto mehr schult man sich in der Kunst, das Leben zu meistern, was immer einem entgegentritt. Ein Zen-Meister hat es einmal folgendermaßen beschrieben: „Echtes Zazen ist echtes Leben – das ist eine Kunst! Wie Kinderspiel, so leicht muß man seinen Beruf machen, ganz natürlich. Was von der Natur kommt, ist immer das Beste! Man muß ganz demütig werden, aber stolz. Das echte Ich muß da sein – wach sein!" *(Nagaya Roshi)*

Die konkrete Ausführung einer solchen Lebensführung ist das Einverständnis, das „o.k.". Der Lauf der Dinge wird anerkannt, man realisiert, daß es keinen Stillstand gibt, man erkennt, daß man sich selbst im Laufe und Umbruch befindet und daß das Akzeptieren der permanenten Bewegung und Veränderung genau zu dieser Leichtigkeit und Selbstvergessenheit des Lebens führt. In der Kommentierung zu einem der wichtigsten Koan im Zen heißt es dazu: „Selbst an der Scheide von Leben und Tod wirst du dich der großen Freiheit erfreuen. In den sechs Bereichen des Daseins und den vier Weisen des Geborenwerdens wirst du im Zustand unschuldigen Spielens verweilen."

Dies ist eine gänzlich andere Geistes- und Lebenshaltung als das sogenannte „Urlaubsbewußtsein", das ständig jammert und sich darüber beklagt, daß die Dinge nie so sind, wie man sie gerne hätte und – sind sie doch einmal so, wie man sie möchte – nie so bleiben, wie sie sind. Im Laufe des Zen-Trainings wird aus einer solchen Einstellung ein Bewußtsein des „Welcome".

Alles und jedes ist herzlich willkommen, ob gut, ob schlecht, in allem und jedem steckt die Chance zur Reife, zur Vollendung, und zwar höchst lebendig bis hin zur letzten Transformation.

Zusammenfassung

Das Zen-Training ist permanenter Privatunterricht bei und an sich selbst, jede Sekunde, und das ein Leben lang.

Das „Goldene-Fenster-Training"

Als Koshi Takisawa drei Jahre alt war, zupfte er seinen Großvater zum ersten Mal an dessen Ärmel und deutete mit seinem kleinen Finger rüber, auf die andere Seite des Tales und rief fröhlich: „Da!"

Dabei hüpfte seine helle Stimme zu einem lustigen Kick, und Großvater lachte darüber. Dann zog der alte Mann langsam und genüßlich an seiner Pfeife und nickte: „Ja, ja, schau du nur."

Koshi war in einem kleinen Bergdorf namens Fan Tan Si geboren worden. Seine Eltern waren Bauern und deshalb schon jeden Morgen früh auf den Beinen. Der Tagesablauf richtete sich nach dem Lauf der Sonne. Und genau wie die Ziegen, die Ochsen und die Hühner ging Koshi mit dem letzten Sonnenstrahl zu Bett.

Als Koshi sechs Jahre alt war, fragte er seinen Vater, kurz bevor die Sonne versank, einmal: „Papa, warum haben die Häuser da goldene Fenster?", und dabei deutete er mit seiner Hand zur anderen Seite des Tales, wo auch Häuser standen. Sein Vater sagte aber nur: „Das verstehst du noch nicht."

Das Tal zog von Süden nach Norden, und auf seinem Grund hatte sich in Jahrmillionen ein reißender Fluß sein tiefes Bett gegraben. Oft hatte Koshi hier am Ufer schon mit seinen kleinen Bambusschiffchen gespielt, aber jedes Kind kannte die große Gefahr, die der Fluß für den war, der ihn überqueren wollte. So lebten sie hier auf der westlichen Seite des Tales, schon seit Generationen, und nur die Männer mit ihren großen Booten konnten den tiefen Fluß befahren.

Mit neun Jahren fragte Koshi dann seine Mutter, warum die Häuser der anderen Seite goldene Fenster hätten und die in seinem Dorf nicht. Seine Mutter schaute gar nicht erst zu ihm herunter, als sie sagte: ,,Koshi, du immer mit deiner Fragerei.''

Koshi hatte schon eine Menge gelernt, bis er zwölf war. Er konnte Kräuter und Pflanzen unterscheiden, er konnte Reisfladen formen, und er konnte einem Kälbchen ans Licht der Welt helfen. Nur eines konnte Koshi nicht verstehen: Wieso hatten die Häuser auf der gegenüberliegenden Talseite goldene Fenster − und die in seinem Dorf nicht?

Als Koshi 15 war, stellte er längst nicht mehr so viele Fragen wie früher. Wem auch? Er hatte den Eindruck, als gäbe es verschiedene Qualitäten in der Fragestellung. Da gab es Fragen, die ihm keiner beantworten konnte..., da gab es Fragen, die hier noch nie einer gestellt hatte..., und offensichtlich gab es auch solche, die man nicht stellen durfte.

Und gerade die Frage nach den goldenen Fenstern auf der anderen Seite des Tales war wohl eine, die alle drei Qualitäten in sich erfüllte.

Koshi galt als wortkarg, als er 17 war, und genau an diesem Geburtstag fragte er seinen Vater noch einmal: ,,Sag mal, warst du eigentlich schon mal drüben, bei den goldenen Fenstern?''

Der Vater sah ihn an und sagte: ,,Koshi, wir sind einfache Leute. Wir haben aber unser Auskommen und sind auf niemanden neidisch. Was brauchen wir hier goldene Fenster? Hör auf, von Gold und Überfluß zu träumen, dann wirst du hier gut leben können.''

In dieser Nacht stieg Koshi Takisawa zum Fluß hinab, nahm eines der großen Boote und setzte über den Fluß.

Wellen, Klippen und die Dunkelheit verlangten ihm alles an Kraft und Mut und Umsicht ab. Er brauchte lange und trieb weiter ab, als er wollte. So erreichte er das andere Ufer erst weit nach Mitternacht. Dann machte er sich an den Aufstieg, über unwegsame Pfade und wildbewachsene Flächen stieg er geradewegs nach oben, den Häusern mit den goldenen Fenstern entgegen.

Die Sonne ging schon langsam auf, und Koshi war todmüde von der Anstrengung. Er ging trotzdem weiter, er hatte sich geschworen, erst dann zu rasten, wenn er die Häuser mit den goldenen Fenstern erreicht hatte.

„Wir sind nicht neidisch...", hatten sie ihm gesagt. Aber das war es ja gar nicht, was ihn trieb. Es gab da eine große Frage in ihm, diese Frage zu beantworten, darum ging es.

Die Sonne war längst da, Koshi war angekommen im Dorf mit den goldenen Fenstern. Doch was für eine Enttäuschung! Es gab gar keine goldenen Fenster! War er den falschen Weg gegangen?

Koshi setzte sich völlig erschöpft auf eine Bank vor einem alten Haus, direkt unter eines der verwitterten und ganz und gar nicht goldenen Fenster und schaute auf den Fluß. Da drüben lag Fan Tan Si. Er konnte das Haus seiner Familie sehen, und ... und ... das Haus seiner Familie hatte ganz goldene Fenster! Und all die anderen Häuser dort auch!

Prüfen Sie selbst: Haben Sie Fragen, die Ihnen niemand beantwortet?

Haben Sie auch manchmal den Eindruck, daß es auf bestimmte Fragen keine Antwort gibt?

Das täuscht! Ob es überhaupt eine Antwort gibt, bedarf grundsätzlich nicht der Klärung.

Ob Sie bereit sind, bei sich selbst Privatunterricht zu nehmen — das ist die Klärungsarbeit, die Ihnen aufgetragen ist.

Immer dann, wenn diese Bereitschaft fehlt, leuchten andere Fenster schon mal golden. In einigen Fällen sogar ein Leben lang.

Wir empfehlen Ihnen, ganz vorsichtig zwar, aber eindeutig:

Nehmen Sie Privatunterricht bei sich selbst – jetzt – immer – ein Leben lang.

Kommentar zu: Das „Goldene-Fenster-Training"

Ein Manager, der vom „Goldenen-Fenster-Training" gehört hatte, fragte einen Zen-Lehrer einmal:

„Meister, ich würde gerne mit dem Privatunterricht bei mir selbst beginnen. Wo soll ich am besten anfangen?"

Der Zen-Lehrer antwortete: „Kennst du das Geräusch einer gerade abgezogenen Füllhalterkappe?"

„Ja sicher", antwortete der Manager.

„Gut," sagte der Zen-Lehrer, „dann fang da an!"

Höhle der Klarheit
Oi Saidan Roshi

44

„Zazen heißt: Stille, tiefe Seele — Geist, Seele, Herz, alles still. Von da muß man alles machen, den ganzen Tag so leben. Gehen, stehen, sitzen, liegen. Wer so übt, ist nach einer Woche verändert!"

Nagaya Roshi

3. Sitzen wie der Fudjiyama

Die Kernübung im Zen ist das Zazen. Es ist das „Sitzen in Stille" oder aber „in die Stille hinein". Die Körperhaltung ist der Lotussitz: festgegründet, mit aufrechtem Oberkörper — wie ein Buddha. In dieser Position verharrt man still atmend, die Gedanken beruhigend, ohne Bewegung — Schmerzen, Geräusche, Ablenkungen, Gedanken, Gefühle, Willensregungen loslassend. Mit halb geöffneten Augen fixiert man sanft einen Punkt auf dem Boden, und den Atem beobachtend verharrt man in strenger stiller Disziplin — bis die Glocke des Meditationsleiters das Ende der Zazen-Periode anzeigt.

Es handelt sich um eine Übung, bei der *zunächst* der körperliche Aspekt in den Vordergrund rückt. Über die Körperhaltung wird dann die innere Haltung geweckt und geschult. Später dreht sich der Prozeß um, und die innere Atmosphäre zeigt sich in der äußeren Haltung.

Das Prinzip lautet: „Wenn der Körper gerade sitzt, sitzt auch der Geist gerade. Körper und Geist sind eins. Dann wird das Herz weit und umfaßt den Kosmos. Der Körper ist die Form, der Geist ist der Inhalt, beides ist eins. Deshalb: Sitze richtig! Sitze gerade, bequem! Sitze aufrecht, kerzengerade, locker! Wenn du so sitzt, bist du frei, glücklich und frisch, sitze mit der Erde zusammen, lerne mit dem Körper! Richtiges Sitzen heißt: Nase und Nabel senkrecht zusammen. Der Kosmos und ich sind eins. Sitzen wie der Fudjiyama – festgegründet!" *(Nagaya Roshi)*

Der Körper sitzt wie ein Berg. Nichts kann ihn umwerfen. Ein Berg ist das Zentrum der eigenen Welt und Wirklichkeit.

Gleichzeitig handelt es sich bei diesem Sitzen aber um einen Zustand absoluter Weite und Leichtigkeit, ein Zustand der Wachheit und Durchlässigkeit. Der Zustand des Erzgebirges und eines kühlen sonnigen Wintermorgens gleichermaßen. Dieses innere Klima drückt die Körperhaltung aus. Ein Zen-Lehrer hat diesen Sitz bezeichnet als: „Mit Wurzeln und Flügeln." Diesen Zustand erst einmal zu erfahren, im Laufe der Zeit zu verankern und später zu einer ständig kultivierten Atmosphäre werden zu lassen heißt Zazen üben. Derjenige, der lange geübt hat, kann mit Fug und Recht von sich behaupten: „Ich bin das Zentrum meiner Welt."

Allerdings wird er das nicht sagen voll Stolz und Überheblichkeit, sondern voll Dankbarkeit und Demut, immer verstanden als ein Geschenk, das ihm durch seine Übung und Anstrengung gewährt wird. Es ist ein tägliches Training, das einem *so viel schenkt,* wie man an Energie *hineingibt.* Und es gilt beim Zazen ebenso wie bei jedem anderen Training: Je mehr man übt, desto schneller und intensiver erfährt man den Kern der Übung. Wer sich ein Leben lang mit Besessenheit einer Sportart widmet, der wird sich früher oder später so weit im Zentrum dieser Welt befinden, daß es nicht mehr um das Besiegen eines Gegners geht, sondern immer nur um die perfekte Ausübung. Dann erst entwickelt sich das Können zur Kunst.

In gleicher Weise wird sich das „Sitzen in Stille" entwickeln. Von der Fähigkeit, leicht, aber festgegründet, aufrecht, aber beschwingt zu sitzen, wird sich das Bewußtsein entwickeln hin zu einem Kosmos der „bewegten Stille".

Dieses tägliche Eintreten in die eigene Stille verschafft einem ein inneres Klima, das über das Sitzen hinaus andauert. So wie tägliche Körperübung zu geschmeidigem Gang und eleganter Körperbewegung verhilft, so hilft einem das Zen-Training zu einem beschwingten und offenen Geist, der den Tag über anhält.

Zusammenfassung

Zazen üben heißt, sitzen wie ein Fels und schäumen wie die Brandung.

Kommentar zu: Sitzen wie der Fudjiyama

Wenn Manager die richtigen Sachen falsch machen oder die falschen Sachen richtig machen, dann ist eine Störung im Unternehmen vorprogrammiert.

Managen heißt beides in Balance zu halten.

Um die richtigen Sachen letztendlich richtig zu machen, ist es nötig, die extremen Positionen des ,,richtig'' und des ,,falsch'' zu kennen.

Die Übung des ,,Sitzens in Stille'' macht mit diesen extremen Positionen vertraut.

Hart sein in der Sache − und weich und flexibel im Umgang mit Menschen, das ist das Geheimnis der unauffälligen Weltmeister im Management.

Zazen läßt uns erleben, was gemeint ist. Felsenfest und federleicht! Aus ,,Sitzen'' wird Leben.

Konsequenz

Kontinuierliche Übung im Zazen macht Manager auf Dauer ,,eisenweich''.

Der Schrein der Lebensformulare

Vor einer Versammlung von Geschäftsleuten, die bereits den ganzen Tag einzig und allein über ein Handelsabkommen gestritten hatten, trat der letzte Referent des Tages auf.

Er sagte: „Meine lieben Freunde, es gibt einen Ort auf diesem Planeten, der in alten, überlieferten Sagen immer wieder beschrieben wird.

Dort findet man in einem Tempel einen heiligen Schrein. Groß und massiv ist dieses steinerne Gefäß, und direkt daneben steht ein Ständer mit Formularen.

Wer möchte, kann dort ein Formular entnehmen, dieses mit den abgefragten Daten des eigenen Lebens ausfüllen und dann in den Schrein zu all den anderen ausgefüllten Formularen werfen. Wer das Formular vollständig und aufrichtig ausgefüllt hat, darf sich von den millionenfachen Exemplaren, die sich bereits im Schrein befinden, eines heraussuchen – oder ein anderes – oder wieder ein anderes, so lange, bis er eines findet, das ihm besser gefällt als das eigene – und dieses Leben kann er dann weiterleben.

Und weil die Formulare sehr detailliert angelegt sind, weiß man genau, auf welches Leben man sich da einläßt. Abgefragt werden zum Beispiel: Name, Geburtsort, Geburtstag, Beruf, Hobby, Ausbildung, Einkommen, Familienstand, Vermögensverhältnisse, Krankheiten, Wünsche, Ängste, Tabus, Sehnsüchte, Ziele, Neigungen, Lieblingsspeisen, politische Ansichten, Verfehlungen, Glaube, Vorbilder, Gewohnheiten, bevorzugte Spiele, Traumpartner, Hoffnungen … und einiges mehr.

Es gibt auf diesem Formular etwa so viele Rubriken wie Tage eines Schaltjahres.

Wer dieses Formular ausfüllt, kennt seine Position. Und wer ein Formular liest, versteht ein anderes Leben wie das eigene.

Seit Jahrhunderten wühlen Menschen in diesem Meer der Formulare – jedoch ... noch nie wurde jemand beobachtet, der sich für eines der anderen Formulare mehr begeistern konnte als für sein eigenes.

Möchte jemand hier schon mal ein Formular?", beendete er seinen Vortrag.

Die eigene Position gestalten, jeden Augenblick, ehrlich und aufrichtig zu sich selbst, so entwickelt sich Leben zur Kunst.

„Lebenskünstler im Chefsessel" – jetzt schon eine wunderbare Zukunft!

無事是貴人

Ein wahrer Mensch
kann alles ruhig
annehmen
Kongo Jisen Osho

52

Koan

Der Mönch Myo fragte: „Ich bin wegen der tiefsten Wahrheit des Zen gekommen. Bitte belehrt mich!" Der Sechste Patriarch antwortete: „Denke weder gut noch böse! Was ist das wahre Selbst des Mönchs Myo in solch einem Augenblick?" Da wurde der Mönch Myo sofort erleuchtet.

4. Sich das Denken schenken

Unser Gehirn hat die Fähigkeit, zu analysieren und zu konstruieren, in die Vergangenheit zurückzugehen, sich an Situationen zu erinnern und in die Zukunft zu wandern, Pläne zu schmieden und zu visualisieren. Es hat die Fähigkeit, Gut und Böse zu unterscheiden, ins Nachbarzimmer zu gehen, in Sekundenschnelle nach New York zu springen und selbst von einem Moment zum anderen auf der Milchstraße spazierenzugehen. Diese Fähigkeit des Gehirns hat uns die Welt verändern lassen von der Steinzeit bis ins Informationszeitalter.

Diese wunderbare Fähigkeit des Gehirns und des Geistes hat jedoch auch eine Kehrseite, nämlich die Flüchtigkeit und unstete Beweglichkeit, das Springen von Punkt zu Punkt und von Thema zu Thema. Der Geist ist oft wie ein Wasserfloh, der auf dem Wasser springt und ohne jede Ruhe ist.

Sich das Denken schenken bedeutet selbstverständlich nicht, daß man von nun an seinen Intellekt nicht mehr gebraucht — das Gegenteil ist der Fall. Es ist ein Geistestraining, das einem „geistige Muskeln" verleiht. Es ist die konsequente Beruhigung und Festigung des Geistes.

Sich das Denken schenken meint, permanent in die eigene Stille einzutauchen und die Fähigkeit des Geistes zu fördern, in sich selbst zu verweilen. Es ist ein Ausruhen, ohne zu schlafen. Dabei bleibt der Geist hellwach und präsent; entweder weit offen oder aber absolut zentriert.

Diesen Zustand absoluter geistiger, klarer Wachheit ist uns allen aus eigenem Erleben bekannt. Es ist zum Beispiel der Moment, in dem man im Straßenverkehr eine gefährliche Situation geistesklar erkennt, fast vorausahnt und in richtiger Weise reagiert. Es ist eine Aktion, die nicht getragen ist von zielgerichtetem Willen, sondern nur von wacher Bewußtheit. Zumeist tritt erst danach der Schweiß auf die Stirn. Dieser Zustand ist Sportlern genauso bekannt, die in fast vorausahnender Weise den Tennisball retournieren oder aber „wie im Schlaf" reagieren.

Sehr eindringlich ist dieser Zustand einmal von Juri Wlassow beschrieben worden, der sagte, daß auf dem Höhepunkt gewaltiger und siegverheißender Leistung, es ganz plötzlich still in einem würde. Alles erscheine klarer und lichter als jemals zuvor, als wären große Scheinwerfer eingeschaltet worden. In diesem Augenblick wäre man überzeugt, daß alle Kräfte dieser Welt in einem steckten, daß man zu allem fähig sei und Flügel besäße. „Es gibt keinen kostbareren Moment im Leben als diesen, jenen lichten Augenblick, und man wird jahrelang hart dafür arbeiten, nur um ihn nochmals zu erleben."*

---

* Juri Wlassow, russischer Gewichtheber in: James E. Loehr, Persönliche Bestform durch Mentaltraining, BLV-Verlagsgesellschaft, München 1991

Der Zustand, den Juri Wlassow beschreibt und den man heute auch gerne als Flow-Zustand bezeichnet, meint einen Geist, der völlig unabgelenkt präsent ist, wach und weit. Gleichzeitig besitzt man damit aber auch die Fähigkeit, vollkommen zentriert zu sein. Es ist die Fähigkeit, einen Gegenstand geistig zu durchdringen, vergleichbar mit einem Flutlicht, das konsequent den Strahl der Energie auf einen Punkt richtet und diesen ausleuchtet. Im Zen geht es darum, diesen Zustand willentlich und abrufbar herbeizuführen und zu kultivieren.

Flow-Erlebnisse werden im Zen „das Denken des Nichtdenkens" genannt.

Sich diese Fähigkeit anzueignen heißt, nicht zu analysieren, zu konstruieren, zu zögern, sondern das dualistische Denken zu überschreiten und immer im Moment punktgenau und hellwach sein Leben zu führen.

Zusammenfassung

Sich das Denken schenken ist nichts anderes als ein permanenter Geistesblitz, und das in aller Stille und Gelassenheit.

Der Weg des Bogens

Unter Bankern erzählt man sich gerne die ungewöhnliche Geschichte einer Leasing Bank, die innerhalb von sechs Jahren eine bemerkenswerte Erfolgsstory aufweisen konnte. Ikeda Yoshimasa war nach Gründung der Bank der erste geschäftsführende Direktor. Die Gesellschafter hatten ihn zum Chairman bestellt, obwohl er gar nicht aus dem Bankfach kam. Einiges an ihm schien dieses Vertrauen wert – wohl deshalb hatte man ihn engagiert.

Ikeda Yoshimasa ging den Weg des Bogenschießens (Kyudo). Dieser Weg war zu seiner Geisteshaltung geworden. Wer mit ihm arbeiten wollte, mußte bereit sein, die innere Haltung der Söhne der Samurai im Management von heute zu leben. Die Unternehmensphilosophie der Bank begann folgendermaßen:

Der Weg des Bogens als Unternehmensphilosophie

Deine Hand hält den Bogen, der fest ist. Der Pfeil ruht auf deiner Hand und ist der ganzen Spannung der Sehne ausgesetzt, ohne daß diese Spannung im Pfeil wäre. Die Kraft der Anspannung ist in dir, so lange, bis der Pfeil diese Kraft übernimmt wie ein Regentropfen, der vom Blatt fällt und beim Aufschlagen eine Krone zaubert. Wer schießt da eigentlich was?

Der Schütze hat sich selbst aufgelegt. Er ist der Pfeil. Sich selbst wegschießen! Darum geht es. Eins sein mit dem Mato (Ziel), mit dem Tun, mit dem Moment des Tuns.

Dein Schuß trifft immer! Die Frage mag vielleicht sein, wen oder was der Schuß trifft. Eines jedoch ist sicher – treffen wird er in jedem Fall.

Wenn also jeder deiner Schüsse trifft, wäre es da nicht sinnvoll, sich ganz dafür einzusetzen, daß er gut trifft?

Es gibt keinen Schuß ohne Ziel. Sicher, es gibt Schüsse, die nicht da landen, wo du es wolltest – aber landen wird jeder Schuß!

Das ist der Grund dafür, Geist und Haltung in diesem einen Moment ganz in Übereinstimmung zu bringen. Dennoch wird es dir immer wieder passieren, daß ein Pfeil nicht das gewünschte Ziel trifft. Das ist ein sicherer Hinweis: Hier stimmt in deiner harmonischen Entwicklung etwas noch nicht ganz. Denn wenn alles stimmt – dann triffst du blind!

Dann stimmt dein Stand, die Atmung, die Haltung, die Fußstellung, der Blick, der Winkel des Handgelenkes, die Schulterposition, das Gleichgewicht, der Zug der Sehne, die Gradzahl des Bogens, die Arretierung des Pfeils, die Kopfdrehung, der Mittelpunkt, der Schwerpunkt, die Linie zum Ziel, das Gerät, die Pfeillänge, die Schrittbreite, der Führungsdaumen, die Hüftstellung, das Loslassen, das Nichtdenken, ... das alles stimmt.

Nicht auszudenken, welche Erfolge möglich wären, wenn wir uns ganz eingeben würden. Wenn wir ruhigen Geistes und hellwach eins werden mit dem, was wir tun.

Und wenn ein Schuß danebengeht? Na und? Dann waren Denken und Handeln noch nicht eins. Denn wenn Denken und Tun eins sind, dann triffst du blind!

Kommentar zu: Der Weg des Bogens

Fragen von Ikeda Yoshimasa, die Manager sich auch heute gefallen lassen sollten:

- Wo stören dunkle Gedanken deinen klaren Geist?
- Hellwach sein – was verstehst du darunter?
- Welche Zweifel trennen dich von der Ein-sicht?
- Wo sind Denken und Tun immer noch getrennt in dir?
- Was bist du bereit, für das weitere Training deines We-ges zu investieren?
- Was hat der Weg des Bogens mit dir selbst zu tun?

Der Wind weht,
wo er will
Oi Saidan Roshi

60

> „Das Große Tao ist torlos,
> wenn du diese Schranke durchschreitest,
> kannst du dich frei im Weltall bewegen.''

Mumon Kan

5. Mit dem Atem fließen

Bevor Sie dieses Kapitel lesen, versuchen Sie bitte, eine Minute lang Ihren Atem anzuhalten – jetzt!

Und, haben Sie es versucht? Wie geht es Ihnen?

Der Atem ist der ganz konkrete Lebensstrom der Wirklichkeit.

Er strömt permanent in uns. In einem stetigen Wechsel von Ein und Aus füllt sich der Raum in uns, unser Körper ist ausgefüllt, und der Atem strömt wieder hinaus. Das geschieht mit dem ersten Klaps auf den Hintern, wenn wir zur Welt kommen, bis zu unserer letzten Sekunde, wenn wir den Atem aushauchen. Normalerweise passiert das Atmen völlig unbewußt; es sei denn, wir werden einmal zu lange unter Wasser getaucht, jemand schnürt uns die Kehle zu, oder aber uns stockt vor Angst der Atem.

Jede ernsthafte Selbstbetrachtung, sei es die Meditation, sei es die bloße Entspannung oder das autogene Training, bedient sich des Atemflusses. Das Mittel jeder meditativen Versenkung ist die Bewußtwerdung und Beobachtung des Atems. Bei einer Vielzahl von Meditationen wird sogar auf das Atmen konkret Einfluß genommen. Der Atem ist auch Grundlage für Mantrameditation und für Rezitation.

Die besondere Qualität des Atems liegt darin, daß er auf der einen Seite unbewußt und stetig fließt, daß er aber auch in den Fokus geistiger Betrachtung und sogar Handhabung gestellt werden kann und somit körperliche und geistige Wirkungen entfaltet. Dieser Atemstrom kann einmal leicht und an der Oberfläche sein, er kann mehr in die Tiefe gehen, und er kann letztendlich als Bauchatmung bis tief in das Becken dringen (so empfindet man es jedenfalls).

Das Atmen kann man vergleichen mit dem Meer, das in Wellen an den Strand spült. Es kann in leichten, flachen Wellen kommen; es kann mit Macht in Schaumkronen mit der Flut an die Küste drängen, und es kann in schweren Brechern als Brandung auf die Felsen krachen. Wie auch immer – eines ist gewiß: Wenn man sich einen Tag auf eine Düne setzt und von dort aus das Meer betrachtet, so ist das eigene Bewußtsein am Abend beruhigt und gereinigt.

In der Meditation hat der Atem ungefähr denselben Effekt wie die Meereswellen, die an die Küste kommen – es erübrigt sich bloß, sich in die Düne zu setzen. Man hat das Meer ja ständig bei sich.

Ziel der ersten Anfängerübung im Zen ist, einzig und allein den Atem zu beobachten. Man stellt fest, wie er vielleicht im Halse hängenbleibt, manchmal tiefer dringt, bis in die Brust und später, wenn man sich beruhigt hat, der Atem bis tief in den Bauch strömt und wie sich dort dann das Gefühl der persönlichen Mitte ausbreitet. Im Japanischen wird dieser Teil „Hara" genannt. Er ist das Zentrum, aus dem heraus der Zen-Übende handelt. Es ist die Zentrierung und der Ort, an dem die Kraft entsteht. Jeder, der eine japanische Kampfsportart betreibt, kennt diesen Punkt – um ihn herum und aus ihm heraus entstehen sämtliche Techniken.

Zunächst einmal wird man die Aufmerksamkeit auf diesen Hara-*Punkt,* der sich etwa drei Fingerbreit unter dem Nabel befindet, richten. Einen Punkt zu beobachten ist nämlich zunächst leichter, als einen Atem*strom* zu verfolgen. Einen Atemstrom kann man leichter verlieren, während man sich auf einen einzelnen Punkt gut konzentrieren kann.

Später, wenn es einem leichtfällt, den Hara-Punkt zu halten, wird man dem Fluß des Atems folgen und sein Ein- und Ausströmen beobachten. Dieser Strom bewirkt dann die Wahrnehmung von Innen und Außen und bei weiterem Beobachten die Aufhebung dieser beiden Räume, die nur im Bewußtsein bestehen. Es tritt dann so etwas wie eine Gleichheit von Außen und Innen ein, das Bewußtsein erweitert sich, die Grenzen werden so gesteckt, daß es kein Außen und Innen mehr gibt. Man erlebt die Gleichheit von Außen und Innen, die Aufhebung der Räume, man ist Außen und Innen gleichzeitig, man ist nur noch der Wahrnehmende.

Diese Aufhebung der Bereiche Innen und Außen hat die Feststellung zur Folge: ,,Das bin ich ja auch alles.'' Die Konsequenz daraus ist, daß man mit alledem, was man selbst ist, nicht mehr so rücksichtslos umgeht wie zuvor. Man wird verantwortlicher und empfindet für all das, was einem auf dieser Ebene als gleich und selbst begegnet, tiefe Dankbarkeit und Achtung.

Wenn man weiter dem Atemstrom folgt, sinkt man immer tiefer in das Fließende ein, das einen voll und ganz jeden Moment erfüllt. Man kann das ungefähr bezeichnen als ,,bewegte Stille''. Stille und Bewegung sind gleichzeitig da, und der unendliche Strom des Lebens wird durch wache Wahrnehmung des Atemflusses jeden Moment zutiefst erlebt. Aus diesem Erleben entwickelt sich dann der

Geist, der sich nicht festsetzt und haftet, sondern der bereit, dankbar und in der Lage ist, in neue Formen zu fließen.

Die Fähigkeit, dem Atemstrom zu folgen und immer tiefer einzutauchen, bewirkt einmal, daß diese Stille auch nach dem Zazen eine Zeit beibehalten bleibt. Und weiter, daß man sich in Situationen, in denen die Gelassenheit zu schwinden droht, durch eine bewußte Handhabung des Atems die Souveränität zurückbringt.

„Haltung, Atem, Geist – still, wach, lebendig! Der Hara soll atmen – alles kommt von selbst – nichts machen. Erst alles Schlechte ausatmen. Ganz leer werden. Oberkörper gut strecken, dann haben wir bei der Atmung keine Stauung. Wenn Sie das gelernt haben, können Sie jederzeit das wahre Leben leben: Wenn essen, nur essen; wenn schlafen, nur schlafen; wenn arbeiten, nur arbeiten ..." *(Nagaya Roshi)*.

Zusammenfassung

Atem betrachten heißt, Stille atmen. Stille atmen heißt, in die Einheit eintreten.

Kommentar zu: Mit dem Atem fließen

Die innere Befindlichkeit manifestiert sich im Atmen. Jeder Manager, der schon einmal eine Rede gehalten hat, kennt das. Streßatmung liegt vor, wenn der Brustkorb sich im Atemrhythmus bewegt. Dagegen ist entspanntes Wohlbefinden von einer ruhigen Bauchatmung begleitet. Das eine begleitet und bedingt das andere.

Wir können durch bewußte, tiefe Bauchatmung die innere Gelassenheit und Konzentrationsfähigkeit stärken oder auch herbeiführen. So wie es am Strand heißt: Bauch rein, so heißt es zur ruhigen Konzentration: Bauch raus! Nur eines sollten wir beachten: daß unsere Kleidung das auch zuläßt. Manche Gürtel drücken mehr als das schwierigste Thema. Die Japaner sagen: Tiefe Atmung im Hara – langes Leben.

Too busy for Zen

Ein berühmter japanischer Zen-Meister sagte einmal: „Achte die Wohltat, wenn dein Atem einströmt und kurz bevor er wieder aufsteigt."

Ein erfolgreicher japanischer Manager sagte: „We are too busy for Zen."

Uns interessiert nicht die Frage, wer hat recht? Uns interessiert die Frage, was ist richtig?

Was genau könnte der Zen-Meister meinen, wenn er gerade auf den Moment hinweist, der zwischen Ein- und Ausatmen liegt? Was geschieht in diesem Moment? Osmose, Gasaustausch, Veränderung, Wandlung, Verbrennung, Energie − Leben schlechthin.

Tun wir einmal so, als meinte der alte Zen-Lehrer jeden beliebigen Prozeß des Ein- und Ausströmens. Wir wechseln also einfach die Projektionsebene in der Dynamik dessen, was lebendig scheint.

− Viele Menschen gehen morgens in die Firma und abends wieder nach Hause. Die Wohltat liegt dazwischen, in dem, was sie zwischen Kommen und Gehen tun. Jeder achtet darauf, was einer in der Zwischenzeit tut. Wie jemand kommt und wie er wieder geht, ist einem Chef oder Kunden egal.

− Der Motor unserer Autos funktioniert dann gut, wenn er 4000mal in jeder Minute kraftvolle Leistung produziert. 4000mal ansaugen, verdichten, zünden, explodieren, Power freisetzen, ausströmen. Diese Power ist es, die wir nutzen. Dafür konstruieren wir, stellen wir ein, messen und korrigieren wir. Dafür machen wir Gesetze,

die unsere Umwelt schützen, damit gerade der Moment zwischen Ein- und Ausströmen optimal funktioniert.
– Einige Menschen nehmen es wohlwissend in Kauf, kilometerlange Staus zu ertragen, um zum Ferienbeginn in den Urlaub zu fahren. Am Ende des Urlaubs ist es dann noch einmal umgekehrt. Die Wohltat liegt dazwischen. Wir nennen dieses wohlige Gefühl das wahre Leben, für das es lohnt, ein ganzes Jahr zu schuften.

Die Mitte ist es, die wir schätzen. Mitte heißt Medi. Ein Medi-ziner hilft uns mit Medi-zin, wieder in ausgewogene Harmonie zu kommen. Medi-tation ist die Übung, die eigene Mitte zu erleben. Auf japanisch heißt das auch Zen. Kon-zen-tration oder Zen-trierung: die Mitte finden ist das Ziel aller Übung.

Schade, wenn ein Manager ,,too busy" ist, um sich gerade auf den besonderen Moment der Mitte zu sensibilisieren in dem, was er tut.

Mit dem eigenen Atem fließen. Du atmest bei allem, was du tust. Alles, was du tust, ist Atem. Du kannst keinen Atemzug wiederholen – mach diesen einen Atemzug also gut!

Wunderbare Worte
überschreiten die
Zeit
Kishi Rydo Osho

68

„Wenn man ganz wach ist, kann man hören,
daß die Asche vom Räucherstäbchen fällt,
daß die Ameisen laufen."

Nagaya Roshi*

6. Das Schwert gegen die Gedanken

Bevor Sie dieses Kapitel lesen, setzen Sie sich einmal aufrecht auf einen Stuhl. Sitzen Sie nur zwei Minuten still und unbewegt. Achten Sie auf Ihren Atem, ohne daß Sie ein Gedanke oder ein Gefühl stört.

Wenn Sie diese Übung gemacht haben, werden Sie folgendes festgestellt haben: Es ist nicht einfach, stillzusitzen; es ist ein Drang nach Bewegung vorhanden; die Beobachtung des Atems und des Körpers wird immerwährend unterbrochen durch geistige Phänomene. Gedanken blitzen auf, Erinnerungen an die Vergangenheit kommen hoch, Konzepte für die Zukunft werden entworfen, Einschätzungen von Ereignissen werden abgegeben, Bilder tauchen auf, oder aber Gefühle wie Langeweile, Aufgeregtheit und Ungeduld stören. Der Wille macht sich bemerkbar, woanders hinzugehen, oder aber das Bedürfnis entsteht, aufzustehen und die Übung abzubrechen – kurzum, wie Blasen in kochendem Wasser steigen Gedanken, Gefühle, Wahrnehmungen und Willensregungen in·Ihnen auf und brodeln, an der Oberfläche brodelt es.

---

* Die in diesem Buch verwendeten Aussprüche von Nagaya Roshi sind einer privaten Zusammenstellung von Werner Liebezeit entnommen.

Von wegen stille Einkehr und tiefe Einsicht! Der Geist tobt wie eine Affenhorde durch die Bäume. Man kommt sich vor wie ein Radio, in dem ein Sender gesucht wird und nunmehr sämtliche anderen Geräusche und Sender sich zu Worte melden. Ein heilloses Gewirr von Tönen, Geräuschen und Stimmen. Dies ist der normale Zustand unseres Geistes! In diesem Geisteszustand bewältigen wir unser Leben, oder wir scheitern daran.

Der Weg des Zen ist nunmehr der Weg der Beherrschung dieses Geistes, besser der Beruhigung dieses Geistes. Durch das Einnehmen einer aufrechten, stillen Haltung, durch die Beobachtung des Atems und letztlich durch das Zählen der Atemzüge begeben wir uns auf den Weg, still zu werden, Ruhe zu finden und hellwach zu sein.

Sie können nun nach diesem ersten (Fehl-)Versuch resignieren und aufhören (wie es übrigens die meisten tun). „Ich kann nicht meditieren; ich bin dazu viel zu unruhig", lautet zumeist die Stellungnahme zu dieser Übung. Dann muß man es eben lernen!

Genau dies ist der Beginn der lebenslangen Schulung.

Als Babys konnten wir alle nicht gehen − wir haben es trotzdem gelernt. Wir sind gegangen, hingefallen und wieder aufgestanden. Immer wieder, bis wir gehen konnten. So, wie der Körper gelernt hat zu gehen, so muß jetzt auch der Geist seine ersten Schritte tun, damit ihm später das geistige Voranschreiten Freude macht.

Das Hilfsmittel dazu ist, die Atemzüge zu zählen. Jeweils von eins bis zehn. Zählen Sie das Schwert, das die Gedankenketten abschneidet. So wird das Einatmen mit eins belegt und das Ausatmen mit eins. Das nächste Einatmen mit zwei und das nächste Ausatmen mit zwei usw. bis zehn. Ist man bei zehn angelangt, so fängt man wieder von vorn an. Das soll nicht automatisch geschehen, sondern Atemzug für Atemzug und ganz hellwach. Seien Sie der Beobachter!

Zunächst – wenn man beginnt – kommt man kaum bis zwei, ohne daß ein Gedanke, ein Gefühl, eine Wahrnehmung stört, unterbricht oder daß man gänzlich abschweift. Ist das der Fall, fängt man wieder von vorn an zu zählen. Es wird etwa drei Monate dauern, bis Sie in der Lage sind, jeweils von eins bis zehn unbeeinflußt die Atemzüge zu verfolgen.

Es handelt sich hier um die Grundübung, den Geist zu beruhigen. Dieses Training des wachen Zählens der Atemzüge von eins bis zehn in kontinuierlicher Abfolge wird Sie schon nach kurzer Zeit der täglichen Übung in einen Zustand von Wachheit und Zentriertheit versetzen. Diese Grundvoraussetzung der Geistespflege wird Sie befähigen, sich im Alltag „angemessen", das heißt der jeweiligen Situation gemäß, zu verhalten – sei es durch Reagieren, sei es durch Agieren oder sei es durch einfaches Geschehenlassen. Die Hauptaufgabe in diesem Training lautet also: Nicht zu denken, wach wahrzunehmen und vor allen Dingen ...

Zusammenfassung

Stetig die Atemzüge zählen, von eins bis zehn!

Kommentar zu: Das Schwert gegen die Gedanken

Die Fähigkeit, denken zu können hat auch ihren Preis, nämlich die Fähigkeit, sich Sorgen machen zu können. Genaugenommen sind Sorgen nichts anderes, als in die Zukunft projizierte ängstliche Gedanken. So denken wir oftmals die schmerzlichen Erfahrungen der Vergangenheit in die Zukunft und geraten genau dadurch in eine unbewußte Eile. Wir versuchen, vor der eigenen Vergangenheit zu fliehen, die in Gedanken noch immer da ist.

Wovor fliehen wir eigentlich, außer vor den eigenen Phantasien? Letztlich, das wissen wir, kommt es ohnehin ganz anders.

Manchmal ist denken eben gar nicht gut, wir ,,vergiften'' uns nur selbst.

Von den Schwierigkeiten, bis zehn zu zählen

Der Juniorchef eines der ganz erfolgreichen Architektur-
büros in Japan berichtete einem früheren Studienkollegen
von seinen Erfahrungen mit Zen. Sein Vater hatte ihn gebeten, daß er sich einer dreijährigen Zen-Schulung unterwerfen möge, bevor er die Führung dieses elitären Büros
als Erbe übernahm. Er war diesem Wunsch gefolgt und
sagte nun am Ende des harten Zen-Trainings zu seinem
Freund: ,,Bevor man sich mit Zen befaßt, ist Management
Management. Wenn man sich mit Zen befaßt, ist Management nicht mehr Management. Nachdem man sich mit Zen
befaßt hat, ist Management ganz Management.''

,,Das verstehe ich nicht!'' sagte der Studienfreund. ,,Was
soll schon anders sein, wenn du mit einem Mitarbeiter
sprichst oder wenn du eine Statik berechnest oder wenn
du einen Entwurf machst?''

Die Antwort des Juniorchefs lautete: ,,Wenn ich einen
Strich ziehe, dann ziehe ich einen Strich. Wenn ich einen
Brief schreibe, dann schreibe ich nur einen Brief, und wenn
ich frühstücke, dann frühstücke ich nur.''

Sein Freund, der ebenfalls längst Architekt geworden
war, lachte und rief: ,,Aber das mache ich doch auch. Genau das mache ich auch!''

Sein Freund sah ihn ruhig und freundlich an, und er
beugte sich ganz nah zu ihm hin. Dann sagte er ganz leise:

,,Nein. Wenn du einen Strich ziehst, dann denkst du
daran, daß du gleich deinen Auftraggeber anrufen mußt.
Wenn du einen Brief schreibst, denkst du daran, daß heute
deine Tochter Geburtstag hat und du noch etwas kaufen
möchtest. Wenn du frühstückst, dann überlegst du dir, wie

du deiner Sekretärin die Sache mit den Überstunden beibringen willst. Und wenn du ihr die Sache mit den Überstunden beibringst, dann bist du mit deinen Gedanken noch bei deinem Auto, weil das heute morgen eine Beule abgekriegt hat."

Lieber Leser, wir verlassen diese weithergeholte Geschichte an dieser Stelle ... und werden einmal ganz persönlich:

Dieser gut ausgebildete, mitten im Leben stehende und positiv denkende Freund, der sich so sehr engagiert, daß er mindestens ein paar Gedanken gleichzeitig im Kopf hat und deshalb eigentlich niemals ganz bei dem ist, was es gerade zu tun gibt ... dieser tüchtige Geschäftsmann hat einen Namen: Ihren! Sie sind das, höchstpersönlich!

Bitte, geben Sie uns eine Chance, bevor Sie wegen ungebührlicher Verallgemeinerungen der Leserschaft einen Brief an den Verlag schreiben.

Diese Chance besteht in einem Test. Ein Test, ob Sie in der Lage sind, bis zehn zu zählen (ohne sich während dieser Tätigkeit des Zählens ablenken zu lassen).

Immer dann, wenn Sie sich bei einem anderen als dem Thema des Zählens erwischen – fangen Sie einfach wieder von vorne an. Falls Sie zu weit lesen, also weiter als der Test führt, ohne daß Ihnen das bewußt wird – fangen Sie auch einfach wieder von vorne an.

Der Test besteht aus zehn einfachen Fragen, die Sie innerlich kurz mit Ja oder Nein beantworten sollen.

Bitte lassen Sie sich während des Tests durch nichts oder niemanden stören oder ablenken. Sollte das geschehen – fangen Sie einfach wieder von vorne an.

Wenn Sie heute nicht mehr damit durchkommen, machen Sie erst morgen weiter. (Keine Sorge, Sie befinden sich damit in bester Gesellschaft.)

Achtung, jetzt der Test, ob Sie bis zehn lesen können:

1. Sind Sie den Autoren ein wenig böse wegen dieser arroganten Behauptung?
   Ja oder *nein*?
2. Glauben Sie, daß Bernd Joschke oder Peter Stemmann bis zehn zählen können?
   Ja oder *nein*?
3. Würden Sie tatsächlich von vorne beginnen, falls Sie während dieses Tests abgelenkt würden?
   Ja oder *nein*?
4. Finden Sie die Übung bis jetzt schwierig?
   Ja oder *nein*?
5. Wissen Sie jetzt schon, wem Sie was erzählen, wenn Sie dieses Buch über Zen und Management gelesen haben und es Ihrerseits auch Kritik daran gibt?
   Ja oder *nein*?
6. Würden Sie die Bedeutung von Fremdwörtern in diesem Buch erst klären, bevor Sie weiterlesen, falls einmal eines unklar ist?
   Ja oder *nein*?
7. Können Sie sich noch an den Inhalt der ersten Testfrage erinnern?
   Ja oder *nein*?
8. Würden Sie Ihr eigenes Verhalten in Frage stellen, falls Sie sich durch eine Textstelle selbst entlarvt vorkämen?
   Ja oder *nein*?
9. Kennen Sie jemanden, der diesen Test konzentrierter als Sie selbst durchführen könnte?
   Ja oder *nein*?
10. Halten Sie es für denkbar, daß Sie bis zu dieser Frage auch schon mal sich selbst beschummelt haben?
    Ja oder *nein*?

Wenn Sie mit Ihrer persönlichen Erlaubnis, den gelösten Test an dieser Stelle verlassen zu dürfen, hier angelangt sind, sind Sie zu beglückwünschen. Sie sind im Besitz eines großartigen Werkzeuges im Umgang mit sich selbst: dem Schwert gegen die Gedanken! Gratulation.

,,Das Leben ist ganz einfach!
Sei ohne Wahl und Anhaften!''

Hakigan Roku

7. Mitten in der Wirklichkeit

Lehnen Sie sich zurück und schauen Sie sich um. Ist das der Ort? Ist das die Zeit? Ist das die Tätigkeit? So wie Sie es sich wünschen? Leben Sie in Ihrer Welt?

Das Training im Zen verhilft dazu, mitten in der Wirklichkeit zu stehen, und zwar in jeder Situation, so, wie sie sich geformt hat, oder aber so, wie sie bewirkt wurde.

Der Schlüssel für diese Geisteshaltung ist: Lehne nicht ab und halte nicht fest, sondern stehe mitten drin!

Das bedeutet, sich bewußt dem Lebensstrom anzuvertrauen und mitzufließen. Es ist ein Geist des unaufhaltsamen Wechsels der fließenden Phänomene. Dieser Geist ist wie Wasser. Er fließt in jede Form, füllt diese Form aus und fließt dann wieder in eine neue Form. Wasser kann man in eine bauchige Karaffe gießen. Es füllt die bauchige Karaffe aus. Man gießt das Wasser in eine schlanke Vase, und das Wasser füllt auch diese aus. Man gießt das Wasser dann in eine flache Schale, und das Wasser füllt die flache Schale.

In gleicher Weise paßt sich der Zen-Geist den jeweiligen Situationen an, füllt sie aus und fließt im nächsten Moment in neue Formen. Weder sträubt sich Wasser, eine neue Form anzunehmen, noch sträubt es sich, eine alte Form zu verlassen.

Dieser Geist wird in einem japanischen Zen-Kloster so entwickelt, daß die jungen Mönche von früh um 3.30 Uhr bis abends um 23.00 Uhr fast ununterbrochen auf Trab gehalten werden. Sie müssen sich in Windeseile anziehen, zum Rezitieren in einen anderen Tempelbereich rennen, dabei in Höchstgeschwindigkeit eine steile Holztreppe, die nur schlecht beleuchtet ist, hinunterrasen, sie müssen die Holzplanken blitzsauber feudeln, in Eiseskälte oder brütender Hitze in Stille meditieren und auf staubigen Straßen auf Bettelgang gehen; sie werden zum alten Lehrer zur Einzelunterweisung gerufen oder aber müssen gemeinsam hart im Klostergarten schuften. Die einzige Chance zu überleben besteht darin, sich diesem Leben hinzugeben. Sobald sich der Gedanke regt „Ich will nicht" oder „Ich hätte es gern anders", wird man scheitern. Das Problem ist nicht, den Anforderungen gerecht zu werden. Das Problem ist einzig und allein das *Ich*, das es gern anders hätte, als es gerade ist.

Sobald dieses Ich nicht da ist (Ich-Vergessenheit), befindet man sich im Fluß des kontinuierlichen Klostergeschehens – und es gibt keine Leiden. Die Einsicht ist: „Wo es mich nicht gibt, gibt es keine Probleme." Der berühmte Zen-Meister Dogen Zenji hat es präzise ausgedrückt:

„Zen üben heißt, sich selbst vergessen; sich selbst vergessen heißt, von allen Dingen erleuchtet werden."

Der selbstvergessene Geist ist der fließende Geist. Er sträubt sich nicht und hält nicht fest. Und genau das wird im Zen trainiert – im stillen Sitzen wie auch in der äußerst dynamischen Bewegung.

In welcher Weise aber steht der Geist mitten zwischen Ablehnung und Festhalten? Es ist eine Haltung der Tatkraft und des vollen Einsatzes.

78

Eine Aufforderung im Zen lautet: „Ein Tag ohne Arbeit ist ein Tag ohne Essen."

Wirklichkeit ausfüllen im Zen heißt: „Wirken lassen und selber wirken, oder aber die Wirklichkeit *er*gründen wie auch selbst *be*gründen."

Zen im Tun (oder aber in der Arbeit) bedeutet die völlige Hingabe an die Aufgabe – energisch, unermüdlich, selbst-vergessen bis hin zur Selbst-Aufgabe. Genau dort, wo das Selbst vergessen und aufgegeben ist, ist man nur noch Aktion und Dynamik. Das sind dann die Augenblicke, in denen man alle Kräfte der Welt in sich spürt, sich gewiß ist, daß man die Kraft besitzt, jedes Ziel zu erreichen, ohne Mühe, glasklar und ganz still.

Es sind die Momente reiner Energie, Inspiration und Freude. Es ist ein Handeln, das frei ist von Vergangenheit und Zukunft, absolut präsent im Moment und äußerst zupackend. Es geht nur darum, heute, einfach nur heute zu leben, seine Arbeit zu tun mit voller Energie und ohne jedes Schielen nach dem möglichen Gewinn. Es ist die Gewißheit, daß man bei einer solchen Handlungsweise die notwendigen Ursachen setzt, um die entsprechenden Früchte reifen zu lassen. Wer jetzt seine Aufgabe zu 100 Prozent erfüllt, dem wird sich die Wirklichkeit in entsprechender Weise erkenntlich zeigen, mit mehr als 1001 Geschenken. Ursache und Wirkung sind eins, und jeder nimmt so viel mit nach Hause, wie er gegeben hat.

„Echtes Zazen ist echtes Leben – das ist eine Kunst! Wie Kinderspiel, so leicht muß man seinen Beruf machen, ganz natürlich. Was von der Natur kommt, ist immer das Beste! Man muß ganz demütig werden, aber stolz. Das echte Ich muß da sein – wach sein!" *(Nagaya Roshi)*

Zusammenfassung

Lehne nicht ab! Halte nicht fest! Fließe mit! Und gib immer 100 Prozent.

Kommentar zu: Mitten in der Wirklichkeit

Die Wirklichkeit ist wie ein Wald mit vielen Bäumen. Was der einzelne sieht, ist ein Bild davon, niemals die reine Wirklichkeit.

Was sieht ein Förster, der durch diesen Wald geht? Die Anwort ist klar: Er sieht den Zustand des Forstes.

Was sieht ein Möbelfabrikant, der durch den gleichen Wald geht? Der sieht Bretter!

Und wäre da ein Ornithologe, der diesen Wald beträte, sicher sähe er erst einmal die Vögel.

Zwar ist jeder mitten in der Wirklichkeit, doch erleben wir sie unterschiedlich. Was aber ist die wahre Wirklichkeit? Wer das ergründen möchte, muß sich seines subjektiven Blickes bewußt sein und seine Welt, zum Beispiel das eigene Unternehmen, einmal versuchsweise ohne den Filter der eigenen ,,Ansichten'' betrachten. Sehr bald würde derjenige feststellen, daß er nicht auf der Autobahn in einem Stau steht – sondern, daß er selbst der Stau ist! Er würde endlich einsehen, daß in der Firma nicht ein Betriebsklima vorherrscht – nein, er selbst ist das Betriebsklima! Er hat keinen Streit – er ist der Streit!

Konsequenz

Du bist das Zentrum deiner Welt. Wunderbar. Aber ab jetzt gibt es keine Ausreden mehr! Das ist die brutale Wirklichkeit des Managers.

Der Manager als Meister

Wasser sein

Der Vorstandsvorsitzende der letzten privaten Automobil-
schmiede in Deutschland war Peter W. Schutz, ein Ame-
rikaner.

Peter hatte niemals den fließenden Zen-Geist geübt, aber
er war über viele Jahre hinweg sehr erfolgreich der erste
Gestalter der Wirklichkeit. Man nannte ihn ,,Manager des
Jahres'' und bewunderte oder haßte ihn, je nachdem, wen
welche Entscheidungen wie trafen. Die einen nannten seine
Erfolge gerne Glück, die anderen sprachen von seiner Fähigkeit, situativ richtig zu reagieren.

. Wie würden Sie es nennen? Hier einige Beispiele. Das
Besondere an diesen Geschichten: Sie sind wahr, sie sind
gelebte Wirklichkeit. Zen-Geist von einem, der ,,keine Ah-
nung'' davon hatte.

,,Wasser sein''; mitten drin in der Wirklichkeit stehen,
und zwar in jeder Situation, so, wie sie sich geformt hat.

Schwarze Finger

Frage während einer Versammlung aus dem Plenum an
den ,,Big Boss'' Peter: ,,Herr Schutz, wenn Sie wüßten,
wie die Praxis aussieht, dann würden Sie nicht mehr von
Kundenorientierung reden. Was soll ich einem Kunden sagen, der ein neues Auto reklamiert, weil die Fenstergum-
mis vergilben?''

„Oh, ich danke Ihnen für diese Meldung." Dann drehte Peter sich suchend um und fragte: „Wo ist unser Qualitätschef? Hey, was ist los, wie kommt das zustande?"

Der Chef der Qualitätskontrolle konnte das Problem sachlich und korrekt erklären: „Ja, das ist der Stand der Technik. Der Klebstoff, mit dem wir die Fenster einsetzen, ist in der Produktion durchsichtig. Da sieht man nicht, wo Reste überstehen, die dann erst 14 Tage später, also im Laden, ausgetrocknet und vergilbt sind. Also da muß ich unsere Produktion aber mal verteidigen."

Peter war selbst Ingenieur und fragte dennoch wie ein Anfänger: „Gut, warum färben wir den Klebstoff nicht schwarz ein? Dann sieht der Monteur gleich, wo er das hinschmiert — und er kriegt schwarze Finger, dann paßt er doch auf, oder? Also komm, tu uns mal einen Gefallen. Ab heute färben wir den Kleber schwarz!"

Das war's, bis heute gab es keine vergilbten Klebespuren mehr.

Schöner Schrott

Einmal warf man der Geschäftsleitung Verschwendung vor. Da werden Sparmaßnahmen in der Verwaltung verordnet ... und dann dies!

Auf dem Schrottplatz hinter der Motorenfertigung wurden 400 nagelneue Kupplungs-Ausrücklager gefunden. Wegen unzulässiger Toleranzen konnten die Teile nicht verbaut werden. 400mal teures Geld — einfach weggeworfen!

Peter erfuhr davon. Nun war Peter zwar selbst Ingenieur, aber er fragte immer wieder wie ein Anfänger: „Hey, du hast recht, warum verkaufen wir die hochpräzisen Wunderwerke der Technik nicht? Warum löten wir in den Innenring dieser Kugellager nicht einen Boden rein und prägen auf den Außenring unser Firmenzeichen drauf? Dann haben unsere Kunden einen schönen Aschenbecher.

Dafür zahlen die gerne – schließlich ist das ihre eigene Kupplung!"

Das war's, die Kupplungsaschenbecher waren schneller (und teurer) verkauft, als die Neulieferung erfolgen konnte.

Ungerechter Lohn

Einmal im Jahr werden in einigen Branchen-Nachrichtenmagazinen die Gehälter der Topmanager veröffentlicht. In dem Jahr, als das Folgende geschah, wurde berichtet, daß der Vorstand der Firma seine Tantiemen erheblich erhöht hatte, um im Vergleich zu andern Branchenvorständen nicht mehr hintenan zu stehen.

So sollte das Jahresgehalt von Peter jetzt auf 900 000 Mark angehoben werden (womit er immer noch der am schlechtesten bezahlte Manager der Automobilbranche war). Aber Liebe zum Produkt und Stolz auf die Tradition der Marke, für die er arbeitete, ließen ihn wohl bereit sein, Abstriche hinzunehmen – so die Presse.

Während einer Gesamtbetriebsversammlung tauchte die Frage nach der Gerechtigkeit bei den Gehältern aus der Belegschaft auf.

,,Eine Frage bitte an den Vorstand, ich stehe am Band und baue das Auto. Dafür kriege ich 60 000 Mark pro Jahr. Und Sie laufen im Zweireiher umher und reden schöne Sachen und kriegen dafür das 15fache, könnten wir nicht mal für wenigstens ein Jahr tauschen?'' sagte ein einfacher Monteur.

Alles lachte, der Saal sprühte vor Emotionen. Peter freute sich köstlich. Dann ging er ans Mikrofon und sagte: ,,Herr Kollege, Sie haben recht, der Abstand ist groß. Ich weiß auch nicht genau warum. Aber Sie haben auch Glück. Hier vorne sitzen Vertreter der Familie und des Präsidiums und des Betriebsrates. Sie alle finden im Moment, daß meine Entscheidungen soviel Geld wert sind. Wenn Sie die überzeugen, daß Sie das ein bißchen besser machen können als ich, haben Sie den Job!''

Das war's. Alle waren froh, keiner war verletzt. Die Stimmung blieb gut.

Mitten drin in der Wirklichkeit sein. Die Wirklichkeit ist immer das, was wirkt. Die Form annehmen, so, wie sie ist. Wasser sein.

Wasser sein kann vieles sein. Wasser kann fließen, schäumen, sprudeln.

Wasser kann gefrieren, dampfen, kochen. Wasser selbst hat keine Form.

Wasser füllt immer die Form aus, die es vorfindet. Das eben ist die Kunst: Wasser sein, den erforderlichen Aggregatzustand annehmen.

Wasser kann so viel — aber eines kann es nicht: sich verdünnen. Wasser ist sich immer selber treu! Das zu üben, darum geht es im Zen.

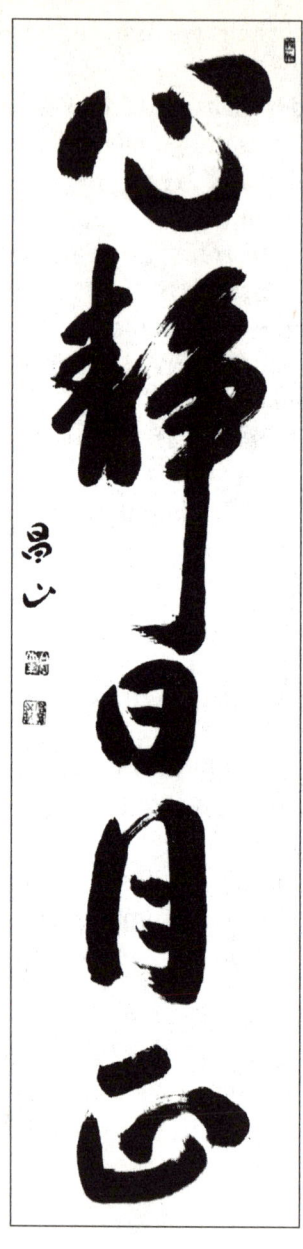

心静日月正

Wenn der Geist ruhig
ist, ist das ganze Le-
ben wahr
Goto Yuko Osho

86

„Stirb, während du am Leben bist, und sei vollkommen tot,
dann tu, was du willst, und alles ist gut.‟

Mumon Kan

8. Form und Freiheit

Bevor Sie dieses Kapitel lesen, machen Sie bitte aus dem
Stand heraus eine Rolle vorwärts – elegant und geschmeidig – jetzt!

Wir stellen fest: Das fällt schwer. Wir zögern und sind
zu steif.

Zen-Training heißt – permanentes Training der Form.
So wird man in einem japanischen Kloster ständig dazu
angehalten und damit beschäftigt, eine Verbeugung, eine
Handhabung, eine Rezitation, eine Zeremonie noch schneller, noch besser, noch präziser einzuüben. Geschult wird
ohne Unterlaß und knüppelhart. Zunächst einmal der Körper. Wie ist die Handhaltung, wie setzt man einen Fuß vor
den anderen, wie weit beugt man den Rücken, und in wel-
chem Winkel hält man die Hände? Unablässig werden
eventuell unverständliche japanische oder chinesische Texte
neu gelernt und immer schneller bis zur rasenden Geschwindigkeit rezitiert. Wieder und wieder wird man aufgefor-
dert, Sutren auswendig zu lernen, chinesische Schriftzei-
chen nachzumalen oder alsbald die einzelnen Schritte der
Teezeremonie nebst Benennung sämtlicher Utensilien im
Gedächtnis zu behalten. Genauso unablässig wie die körperliche Geschmeidigkeit geübt wird, genauso stetig wird
der Geist gefordert.

Nach einiger Zeit tut einem nur noch alles weh! Der Körper, dem die Glieder schmerzen, die Fußsohlen, die auf den Holzplanken aufreißen. Der Geist reagiert mit Widerwillen und einem „Nein" auf die Anforderungen und Anfeuerungen.

Oft gibt ein Anfänger in solchen Situationen das Zen-Training auf. So verlassen viele Neulinge resigniert den Tempel oder das Kloster. Sie behalten ihre „festen Prinzipien", die ihnen recht oder schlecht durchs Leben helfen – aber so bleiben sie auch so steif, wie sie gekommen sind.

Steht man die harte Zeit durch, bleibt man weiter im Kloster und stellt sich dem Training, so merkt man nach und nach von Tag zu Tag mehr, daß Körper und Geist immer geschmeidiger werden. Der Körper lernt, sich zu beugen und zu strecken, die Füße schneller voreinander zu setzen, die Bewegungen mit dem Atem zu koordinieren, den Putzlappen in der richtigen Geschwindigkeit über die Holzplanken zu ziehen.

Wie kommt das? Weil der Geist genauso geschmeidig geworden ist; er reagiert nicht mehr mit einem störrischen Nein. Der Widerwillen nimmt ab. Mehr und mehr agiert man in der jeweiligen Situation spontan, wach und klar. Es entsteht das Gefühl von frischem Wasser, das in jede beliebige Form fließt. Das ist der klare, wache, kühle „Wasser-Geist".

Die weitere und besondere Erkenntnis ist jedoch: Der Geist fließt auch wieder aus der Form heraus. Er bleibt nicht in der Schale, er bleibt nicht in der Flasche, er bleibt nicht in der Karaffe – er bleibt immer nur im Fluß und sich selbst treu.

Das ist dann erlebte kühle Freiheit. Formen werden immer wieder verlassen.

Das ist die Freiheit des Trainierenden. Die Form ist kein Zwang mehr, sondern sie ist willkommen, nur noch Übergang, um in die nächste Form zu fließen.

Formen, Gestalten, Situationen, Menschen sind kein Hindernis mehr, sondern bieten immer neue Möglichkeiten für den Geist, in diese hinein und *vor allen Dingen* wieder *heraus*zufließen und wieder und wieder neue Gestalt anzunehmen. Das ist ein Geist im Bewußtsein des ,,Welcome'' und des ,,Bye, bye''. Permanent und ohne anzuhalten – ohne wählerische Wahl und ohne Anhaften am Althergebrachten.

Menschen solcher Geisteshaltung sind die Künstler mit ihren Geistesblitzen oder die Meister in ihrem Sport, wenn sie spielerisch die Pisten hinunterrasen oder schlafwandlerisch sicher den Tennisball ins gegnerische Feld schlagen. Sie leben beständig in einem Zustand, in dem die Form völlig überwunden und nur noch Grundlage für spielerischen, künstlerischen Ausdruck ist.

Hier beginnt dann die persönliche Freiheit, die Begeisterung und die individuelle Meisterschaft. Das ist der Zustand, in dem die Form dann von einem erhöhten Bewußtseinszustand zeugt. Es ist eine neue Qualität entstanden.

Man könnte sagen: die ,,Neige im Aufrechten'' oder das ,,Aufrechte in der Neige'' oder ,,eisenweich'' oder ,,hochmütige Demut'' – wie auch immer man es bezeichnet, das Neue ist vorhanden.

Zusammenfassung

Trainieren wir also die Form, immer wieder und knüppelhart – das führt uns mit Sicherheit ganz geschmeidig in die Freiheit.

Kommentar zu: Form und Freiheit

Der Gründer und Leiter des führenden Schweizer Instituts für Managementtraining, seine Trainerkollegen nannten ihn respektvoll Gustav, hatte eine sehr rigorose Art, neuen Trainern beizubringen, was Liebe zum eigenen Handeln ist:

„Du Peter, sei so gut und laß mich dein Angebot an deinen ersten Kunden lesen, bevor du es abschickst, oder?" sagte Gustav zu einem neuen Trainer in seiner Mannschaft.

Gerne tat der so Gebetene seinem Chef diesen Gefallen, so konnte er sicher sein, daß sein Brief der Form des Instituts entsprach.

Der Brief kam von Gustav an ihn zurück, mit dem handschriftlichen Vermerk: „Kannst du es besser?"

Auch der zweite Briefentwurf trug den gleichen Vermerk.

Beim dritten Mal wurden deutliche Emotionen im neuen Trainer wach, und er verbrachte einen ganzen Abend nur mit diesem verdammten ersten Angebot, das er losschicken wollte.

„Kannst du es besser?" stand am nächsten Morgen drauf.

Jetzt forderte der Trainer alles von sich, dachte nach, recherchierte im Hause, fragte Kollegen und hörte, während er schrieb, entspannende Musik. Dann war der Brief so, daß er selbst darauf vermerkte:

„Besser kann ich es nicht!"

Eine Stunde später saßen sich beide gegenüber. Da fragte der Trainer seinen neuen Chef.

„Du Gustav, sag mal, was hattest du denn Besonderes zu bemängeln an meinen ersten Briefen?"

91

Gustav lächelte ihn liebevoll an und sagte: „Du, ich weiß es gar nicht genau, ich hab sie ja gar nicht gelesen. Gelesen hab ich nur den Brief, wo drauf stand, besser könntest du es nicht — und der ist prima, oder?!"

Liebe kennt keinen Rabatt

Der überaus reiche Seiden- und Gewürzhändler Koshi Takisawa entdeckte auf einem Markt einmal ein besonders schönes Handwerkstück.

Es war eine kleine hölzerne Schatulle, die zum Gebrauch als Tabakdose gedacht schien. Es fiel ihm auf, wie reich verziert mit Schnitzwerk das ganze Kästchen war. Zudem gaben feinste Intarsien dem Stück einen kostbaren Anschein. Und beim genaueren Betrachten sah er, daß die fünf sichtbaren Flächen die Geschichte Buddhas erzählten. Sogar Namen und Jahreszahlen waren in die Reliefs ziselliert. Ein Meister, ein Künstler oder ein Mönch mußte der Schöpfer dieser Arbeit sein, so ausgewogen und vollendet schien die Form dieser hölzernen Schatztruhe.

Koshi Takisawa fragte den Besitzer dieses Marktstandes, wer denn diese Arbeit vollbracht habe. „Ich war's", sagte der hagere Mann mit dem Stirntuch zu ihm.

Um den Preis nicht zu verderben, hielt Koshi Takisawa wohlwissend jedes Lob zurück. Sonst würde er sich nur selbst den Kaufpreis in die Höhe treiben. Also fragte er, darauf bedacht, nur nicht zu viele Emotionen zu verraten: „Sag mal, was soll das denn kosten?"

Auch das wußte Koshi, der ja selbst Händler war, genau: daß das Wort „Kosten" Ängste erweckt. So sollte das Kästchen für den Verkäufer wohl nicht zu viel „kosten", sonst würde ihm der Kunde abspringen.

Der Mann mit dem Stirnband erhob sich vom Sitz hinter seiner Auslage und sagte: „Mein Herr, diese kleine Holztruhe bekommst du für fünf Goldtaler von mir."

„Was?" tat Koshi entsetzt, „Fünf Goldtaler? Ja ist denn das Kästchen voll mit Münzen?"

„Nein", sagte der Besitzer leise, „aber der Teil meines Lebens, den ich daran zugebracht habe, ist das sicher wert."

„Paß auf, ich mache dir einen Vorschlag. Um ehrlich zu sein, deine Arbeit gefällt mir so gut, daß ich meinen besten Geschäftsfreunden davon je eines schenken werde. So brauche ich zehn davon. Was kostet es dann? Was hältst du von zwei Goldtalern?"

„Guter Herr, wenn du zehn davon bestellst, mußt du 20 Goldtaler je Stück ausgeben. Schau einmal genau hin." Nun hob er die Schatulle auf und hielt sie in Augenhöhe. „Diesen Kasten habe ich mit dem kostbarsten Werkzeug hergestellt, über das ein Mensch verfügt: meine Liebe. Meine ganze Liebe steckt in dieser Form. Es gab kein anderes Objekt meiner Achtsamkeit und Zuwendung, während dieses Teil Form wurde. Wenn du von mir verlangst, daß ich davon zehn mit gleicher Achtsamkeit und Liebe aus dem groben Holz befreie, dann ist der Lohn angemessen, wenn er groß ist."

Koshi Takisawa war erstaunt. Er verbeugte sich vor dem Mann und sagte: „Du bist weise. Ich habe etwas durch dich gelernt. Wenn du erlaubst, nehme ich dieses eine Stück. Es wird einen guten Platz bei mir bekommen."

„Gut, du nennst mich weise. Dabei ist es so: Wenn du willst, daß das Leben dir gibt, was du verdienst; dann gib du dem Leben einmal, was ihm zusteht: deine ganze Liebe, deine volle Achtsamkeit und all deine Hingabe ... und du wirst dich wundern, was geschieht."

„So was", dachte Koshi, als er mit seiner neuen Tabakdose weiterging, „Form und Freiheit in einer einzigen Schatulle."

Der Himmel des Samadhi ist
grenzenlos und frei, und es
leuchtet der volle Mond der
vierfachen Weisheit.

9. Ohne „mich"

Das Zen-Training zielt in das Herz des Ich. Ich wird im
Zen verstanden als das von allen anderen Erscheinungen
getrennte Selbst. Diese vermeintliche Abgetrenntheit gilt
als Trugschluß und als Wurzel allen Leidens – vom zar-
testen Sehnen bis hin zur schlimmsten Sucht, von der leich-
testen Ablehnung bis hin zur tiefsten Depression. Die Auflösung des Ich entläßt den Menschen in die Einheit. Einheit kann verstanden werden als Synonym für Freiheit,
Friedfertigkeit, Energie, Wirklichkeitserfassung, Freund-
lichkeit und Weisheit.

Ein Mensch, der diesen Schritt in die Einheit getan hat
und in dieser Einheit verweilt, ist dadurch gekennzeich-
net, daß er Vertrauen und die Fähigkeit hat, sämtliche Probleme, die sich ihm stellen oder entgegenstellen, zu bewältigen.

Welche Methode wendet nun das Zen-Training an, damit sich das Ich auflöst? Es ist ein – fast könnte man sagen alchimistischer – Prozeß, der einen Klumpen Erz in
Gold verwandelt. Die Wirklichkeit wird genommen, wie
sie ist, das gegenwärtige Potential wird angegangen, und
diese noch unreine Erdmasse wird so lange geläutert durch

Feuer und Abkühlung und erneute Erhitzung, bis immer reiner das Gold zutage tritt.

Und im wahrsten Sinne sind es Hitze und Kälte, die zur Läuterung führen, wenn in der eisigen Winterperiode die Mönche bei offenen Fenstern und Türen, Stunde um Stunde, mit stärksten Schmerzen in stiller Meditation sitzen oder wenn sie im Sommer sengende Hitze und Schwärme von lästigen Mücken ertragen und wieder und wieder durch den Leiter der Meditationshalle angehalten werden, sich in ihr Koan zu vertiefen.

Da der Mensch durch Denken, Reden und Handeln in die Welt tritt – in ihr agiert – sind diese drei Aspekte auch die Ansatzpunkte für die Transformation.

Das Denken wird frontal angegangen durch das Koan. Das Koan ist ein Paradoxon, das dem Schüler vom Lehrer aufgegeben wird zur Lösung – Auflösung – Bewältigung. Ein klassisches und bekanntes Beispiel ist das Koan von Zen-Meister Hakuin vom „Ton der einen Hand". Es lautet: „Wenn man in die Hände klatscht, gibt es einen Ton. Was ist der Ton von einer Hand?!"

Rational, mit dem Intellekt, ist diese Frage nicht zu beantworten. Es gibt jedoch eine Auflösung dieses vermeintlichen Unsinns. Hat man erst die Lösung, ist man sich ihrer Wahrheit absolut gewiß. Bis einen die Wahrheit jedoch eintreten läßt, ist es oft ein langer und schmerzhafter Prozeß des Geistestrainings über viele Zweifel und Verzweiflungen hinweg. Mit dem Eintritt in die Wirklichkeit ist eine neue Art des Denkens verbunden – ein äußerst direktes, spontanes und kreatives Denken – das man im Zen das „Denken des Nichtdenkens" nennt.

Diese neue Art des Denkens ist nicht mehr nur analytisch oder konstruktiv, sondern ist vielmehr intuitives Erfassen der Wirklichkeit, wie sie ist, und zwar ohne jede Trennung.

Die Sprache wird frontal angegangen durch das Schweigen und die Rezitation von Sutren. Sprache ist – jedenfalls im üblichen Alltagsbewußtsein verwendet – nichts anderes als geäußerte Gedanken. Und da das Denken die Wirklichkeit trennt, wird durch die Sprache die Trennung noch mehr zementiert. Die Zen-Konsequenz daraus lautet: ,,Wenn nicht Denken, dann nicht reden.'' Und vor allen Dingen auch: ,,Wenn nicht reden, dann nicht denken.''

Statt des üblichen Geplappers wird im Zen-Training geschwiegen und viel rezitiert. Zumeist werden alte Texte rezitiert, die zwar einen Lehrinhalt haben, derer Wert jedoch nur letztrangig auf der intellektuellen Botschaft liegt. Wichtigstes Mittel der Transformation des Gehalts (nicht des Inhalts) der Texte ist die mantrische Wirkung – der Rhythmus des Rezitationsflusses. Über diesen Rhythmus erschließt sich dann Wirklichkeit und Wahrheit, durch ihn entsteht im Rezitierenden eine neue Atmosphäre. Deshalb ist sehr wohl der intellektuelle Gehalt eines Sutras nur der ,,Fingerzeig zum Mond''; die Tätigkeit des Rezitierens jedoch läßt einen neuen Kosmos entstehen – immer wieder neu.

Das *Handeln* wird frontal angegangen durch die Form. Besser sollte man sagen durch die Haltung. Aufforderung im ZEN-Training ist: ,,immer Haltung bewahren''. Durch die Haltung entsteht wiederum eine eigene Atmosphäre im Übenden – aufrechtes Stehen und Sitzen ist aufrechte Geisteshaltung; Verbeugungen sind demütige und dankbare Geisteshaltungen; die Hände zusammenzuführen ist einende Geisteshaltung; auf Anruf unvermittelbar zu reagieren ist wache Geisteshaltung. Handlung und Haltung sind eins.

Die Konsequenz aus dem Frontalangriff des Zen auf Denken, Reden und Tun ist: Im Laufe der Jahre des Trainings werden Denken und Handeln eine Einheit. Der Zen-Mensch denkt, was er tut und tut, was er denkt. Er lernt und lehrt mit dem Körper. Er erfaßt die Wirklichkeit nicht mehr mit dem Kopfe, sondern unmittelbar mit dem Herzen. Und wenn er etwas sagt, dann ist das nicht „Reden über etwas", sondern dann plaudert eben die Existenz – so wie bei Nagaya Roshi, wenn er sagt:

„Beim Sitzen nur sitzen,
beim Essen nur essen,
beim Sprechen nur sprechen,
beim Lachen nur lachen,
dann üben Sie Zen."

Konsequenz

Ohne „m-ich" gibt es in der Welt keine Probleme.

Damit auch Sie sich auf das Denken des Nichtdenkens einlassen können, haben wir auf den folgenden Seiten den Chorgesang des Zen-Meisters Hakuin, HAKUIN ZENJI ZAZEN WASAN, zunächst in des Transkription und anschließend in der Übersetzung abgedruckt. Der Chorgesang des Zen-Meisters Hakuin ist ein Text, der im Rinzai-Zen in den Klöstern mindestens einmal täglich rezitiert wird. Er beinhaltet die Essenz des Zen-Buddhismus.

HAKUIN ZENJI ZAZEN WASAN

SHUJO HONRAI HOTOKE NARI
MIZU TO KORI NO GOTOKU NITE
MIZU O HANARETE KORI NAKU
SHUJO NO HOKA NI HOTOKE NASHI

SHUJO CHIKAKI O SHIRAZU SHITE
TOKU MOTOMURU HAKANASA YO
TATOEBA MIZU NO NAKA NI ITE
KATSU O SAKEBU GA GOTOKU NARI

CHOJA NO IE NO KO TO NARITE
HINRI NI MAYOU NI KOTONARAZU
ROKUSHU RINNE NO INNEN WA
ONORE GA GUCHI NO YAMIJI NARI

YAMIJI NI YAMIJI O FUMISOETE
ITSUKA SHOJI O HANARU BEKI
SORE MAKAEN NO ZENJO WA
SHOTAN SURU NI AMARI ARI

FUSE YA JIKAI NO SHOHARAMITSU
NENBUTSU ZANGE SHUGYO TO
SONO SHINA OKI SHOZENGYO
MINA KONO UCHI NI KISURU NARI

ICHIZA NO KO O NASU HITO MO
TSUMISHI MURYO NO TSUMI HOROBU
AKUSHU IZUKU NI ARINU BEKI
JODO SUNAWACHI TOKARAZU

KATAJIKENAKUMO KONO NORI O
HITOTABI MIMI NI FURURU TOKI
SANDAN ZUIKI SURU HITO WA
FUKU O URU KOTO KAGIRI NASHI

IWANYA MIZUKARA EKO SHITE
JIKI NI JISHO O SHO SUREBA
JISHO SUNAWACHI MUSHO NITE
SUDENI KERON O HANARETARI

INGA ICHINYO NO MON HIRAKE
MUNI MUSAN NO MICHI NAOSHI
MUSO NO SO O SO TO SHITE
YUKUMO KAERUMO YOSO NARAZU

MUNEN NO NEN O NEN TO SHITE
UTAU MO MAU MO NORI NO KOE
ZANMAI MUGE NO SORA HIROKU
SHICHI ENMYO NO TSUKI SAEN

KONO TOKI NANI O KA MOTOMU BEKI
JAKUMETSU GENZEN SURU YUE NI
TOSHO SUNAWACHI RENGEKOKU
KONO MI SUNAWACHI HOTOKE NARI

Chorgesang des Zen-Meisters Hakuin – Lobpreis des Zazen

Die Menschen sind in ihrem tiefsten Wesen Buddha; es ist wie bei Wasser und Eis: Wie es kein Eis gibt ohne Wasser, so gibt es nicht einen Menschen ohne Buddhanatur.

Wehe den Menschen, die in weiter Ferne suchen und nicht wissen, wie nahe die Wahrheit ist.

Sie gleichen denen, die mitten im Wasser stehen und doch nach Wasser schreien.

Sie sind Kinder aus reichem Haus, die in Armut und Elend ihren Weg verloren haben.

Irrend durchwandern sie alle Welten, verstrickt im Finstern ihrer Unwissenheit. Wie könnten sie je frei werden von Geburt und Tod, wenn sie endlos im Dunkel des Irrtums suchen?

Zazen, wie es der Buddha lehrt: Kein Lob kann sein Verdienst erschöpfen! Alle Tugenden, Barmherzigkeit und Sittlichkeit, alle gute Tat, Lobpreisung Buddhas und alle Übungen, alle münden sie hier!

Wem nur ein einmaliger Sitz sich vollendet, dem löst sich alles Karma auf, angehäuft in zahllosen Leben. Wo sind die Pfade des Übels, wenn reines Land so nahe ist?

Wer voll Demut auch einmal nur diese Wahrheit vernimmt, wer sie preist und mit Vertrauen befolgt, erlangt unendliche Glückseligkeit.

Mehr noch: Wenn wir uns ganz der Suche hingeben und unmittelbar unsere eigene Natur erleben, dann ist unser eigenes Wesen nichts anderes als die Natur des vollendeten Nichts, und wir sind erhaben über des Denkens Spiel.

Weit öffnet sich das Tor der Einheit von Ursache und Wirkung, und der einzige Weg tut sich auf: Geradeaushin, kein zweiter und dritter.

Wer ihn beschreitet, der nimmt an als Gestalt die Gestalt des Gestaltlosen, und sein Gehen und Kommen geschieht nirgends, denn wo er ist.

Der nimmt an als sein Denken das Denken des Nichtdenkens, und sein Singen und auch sein Tanzen sind Stimme der Wahrheit.

Der Himmel des Samadhi ist grenzenlos und frei, und es leuchtet der volle Mond der vierfachen Weisheit.

In diesem Augenblick: Was fehlte da noch, wo sich offenbart das Nirwana? Hier und jetzt ist reines Land, und dieser Leib hier ist nichts anderes als Buddha.

Zen –
der äußere Kreis

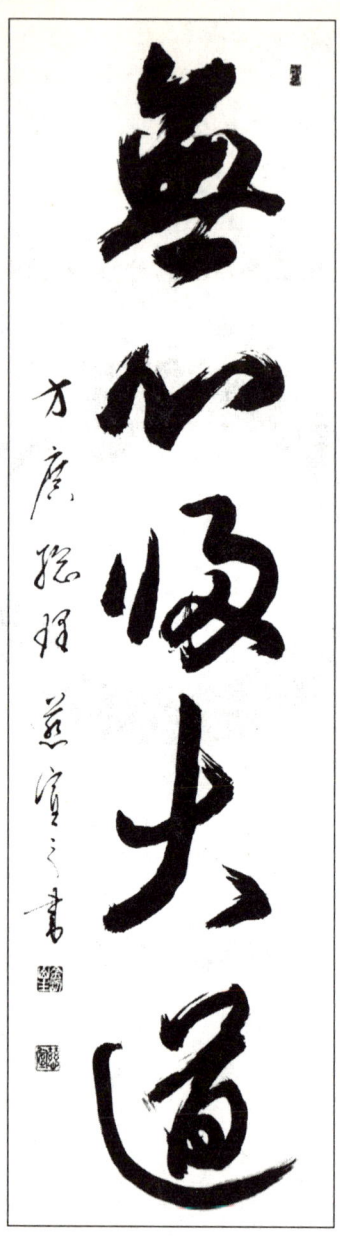

Nur ein leerer
Geist kann den
großen Weg ver-
stehen
Kongo Jisen Osho

1. Zen-Geist im Alltag

In diesem zweiten Teil geht es nicht mehr um die Kernübung des Zazen, sondern um den Alltag, in dem sich der Zen-Geist üben und bewähren kann. Das Grundprinzip dafür lautet: der Alltag als Übung wie auch die permanente Übung im Alltag.

Der Zen-Geist soll zunächst im stillen Sitzen entstehen und sich langsam und kontinuierlich entfalten. Danach stabilisiert er sich, und man trägt nach und nach diesen Geist über das Sitzen in Stille hinaus in den bewegten Alltag. Was immer einem dort auch begegnet, sei es an Situationen oder an Menschen, bietet die Möglichkeit, den Zen-Geist auf die Probe zu stellen und weiter zu schulen. Es ist der Geist des Wachsens, Strebens und des sich Verfeinerns. Wo immer man auch ist, ist genau der Ort, an dem man üben kann. Das Dojo (japanische Übungshalle oder auch ,,Wegort") ist überall. Man versäumt also keine Zeit – zu jeder Sekunde hat das Training gerade begonnen.

Und so wie alles und jedes die Möglichkeit zum Üben in sich birgt, so ist später dann, bei einem gereiften und erwachten Geist, alles und jedes Gegenstand des permanenten Genieblitzes – oder aber wie Dogen Zenji sagt: ,,Sich selbst vergessen heißt, von allen Dingen erleuchtet werden."

Der alltägliche
Geist ist der Weg
Mathudaira Osho

Ein junger Mönch kommt zu seinem Lehrer:
„Meister, was ist Erleuchtung?"
Der Meister fragt ihn: „Hast du eben gerade gegessen?"
„Ja, Meister."
„Gut, dann wasche deine Reisschalen."

Mumon Kan

2. Der alltägliche Geist ist der Weg

Die obige Begebenheit zwischen Meister und Schüler zeigt, daß die „Zen-Erleuchtung" ganz und gar von dieser Welt ist — und zwar völlig unspektakulär mitten im Alltag geschieht.

Der Zen-Geist ist eben der Geist des Alltags und der Geist *für* den Alltag. Es kommt darauf an, die in der Meditation, im Zazen gewonnene Stille, Einsicht und Kraft jeden Moment in den Alltag zu tragen. Es geht gerade *nicht* darum, sich in Nabelschau aus der Welt herauszustehlen, sondern einzutauchen mitten hinein in das pralle Menschenleben und dieses zu meistern.

Im Zen wird der Alltag geschätzt, weil er unablässig die Möglichkeit bietet, sich selbst in den wechselnden Situationen zu schulen und diese zu meistern. Ziel ist es, die eigene innere meisterliche Atmosphäre konstant aufrechtzuerhalten. Alles und jedes ist willkommener Anlaß und Moment zur unablässigen Übung. Gleichzeitig ist der Alltag Indikator für den eigenen Stand geistiger Reife.

Dabei sind die Begegnungen mit anderen Menschen, der Umgang mit der Natur, mit Lebewesen und Sachen immer und überall gleichermaßen von Bedeutung. Es gibt nicht groß und klein, nicht wichtig und unwichtig, nicht bedeutend und unbedeutend, sondern immer nur die Chance, die eigene Haltung weiter zu verfeinern. Ein Zen-Lehrer erklärte das folgendermaßen: „Schäle eine Apfelsine so, als würdest du eine Symphonie dirigieren."

Meisterschaft ist *unbedingt* – völlig unabhängig von Orten und Situationen.

Doch ist es gleichermaßen richtig zu sagen, daß es überhaupt keine Übung gibt. Die Ansicht, der Alltag sei die Chance zur Schulung, ist von einem anderen Standpunkt aus unrichtig. Es gibt nämlich eigentlich überhaupt keine Übung. Das Leben tritt als unwiederholbarer Ernstfall an einen heran. Man hat jetzt und hier nur die einmalige Möglichkeit, sein Bestes zu geben. Jede Sekunde ist der Ernstfall. Das gesamte Leben bis zum jetzigen Augenblick war nur Vorbereitung zur „vollendeten Tat". „Agiere immer so, als wäre gerade jetzt die Premiere", lautet die Quintessenz aus dieser Überlegung.

Im Zen ist ein solches alltägliches angemessenes Verhalten absolut natürlich, möglichst unauffällig, weitgehend von Gelassenheit und zumeist von viel Freude und Humor getragen.

Konsequenz

Zen = Training for life.
Oder aber: Zen = Life for training.

108

Kommentar zu: Der alltägliche Geist ist der Weg

Manchmal fragen sich erfolgreiche Geschäftsleute, wenn sie zu einem Training eingeladen werden: ,,Hab' ich das denn überhaupt nötig, ich mit meinen zig Jahren Erfahrung? Und was will mir schon einer beibringen, der noch nicht mal aus unserem Metier stammt? Ob man etwas ,,nötig" hat oder nicht, ist aber gar nicht die entscheidende Frage.

Wichtiger sind die Fragen: ,,Was habe ich noch vor? Wo will ich hin? Welchen Weg will ich gehen?"

Sicher, wenn jemand einen Spaziergang machen möchte, muß er dafür nicht groß trainieren. Was aber, wenn man eine Hochgebirgstour vorhat? Wäre eine gute Vorbereitung bis hin zu qualifizierten Trainingstouren nicht eine wesentliche Voraussetzung für den Erfolg?

Der Weg dahin ist, wie jeder Weg, der nach oben führt, steil und beschwerlich. Die Frage ist nicht, ob man steile Wege mag, sondern welche Gipfel man noch erobern möchte.

Das schöne am alltäglichen Weg ist — er ist völlig freiwillig!

Zen ist nichts für dich!

Der Sohn eines erfolgreichen Unternehmers war gerade von der Hochschule abgegangen und hatte ein internationales Diplom erworben.

In Kürze sollte er den kaufmännischen Bereich des Unternehmens als Führungskraft übernehmen und leiten.

Da erzählte ihm sein bester Freund, den er während der ganzen Studienjahre nicht gesehen hatte, von Zen. Dieser Freund hatte sich für das Studium und den Weg der japanischen Geisteshaltung des Zen entschieden. Er berichtete von seinen Bemühungen unter Anleitung seines Zen-Lehrers.

Der junge Kaufmann wurde dadurch so interessiert, daß er seinen Freund bat, ihm doch eine Begegnung mit dem Zen-Lehrer zu vermitteln. So kam es, daß er eines Tages dem Zen-Meister gegenübersaß. Sie tranken grünen Tee, nach alter Sitte und Ritual. Er berichtete dem Meister über sein Hochschulstudium und seine neuen Aufgaben im elterlichen Unternehmen. Dann wollte er wissen, was Zen eigentlich ist. Der Meister reagierte sofort und ohne Zögern und wurde sehr laut:

,,Zen ist nichts für dich! Geh' nach Hause in deinen Betrieb und kümmere dich um deine Leute! Das ist deine Aufgabe! Komme in einem Jahr wieder, wenn du willst!''

Dem jungen Unternehmer war diese klare selbstbewußte Konsequenz ein so erstaunliches Schauspiel, daß er bereit war, zu gehorchen, noch ehe er um die Hintergründe wußte. Er verließ diesen Ort der Begegnung mit dem Zen-Lehrer etwas irritiert, aber guten Herzens und widmete sich den Aufgaben in seinem Betrieb.

Ein Jahr verging wie im Fluge, und er saß wieder vor dem Lehrer und fragte ihn, was Zen denn eigentlich sei.

Der Zen-Meister jedoch wollte wissen, was er im vergangenen Jahr getan hatte, und so berichtete er von seiner Arbeit, den Problemen und den Mühen mit dem Geschäft.

Ganz plötzlich, wie aus dem Nichts, hörte er den Zen-Meister laut schimpfend und gestikulierend sagen:

„Zen ist nichts für dich! Geh' nach Hause und kümmere dich um deine Mitarbeiter! Hör' dir ihre Sorgen an, ermuntere sie, Vorschläge zu machen, versuche, ihre Ansichten zu verstehen, versetz' dich in ihre Lage, besuche sie, wenn es sein muß, abends und privat, sprich mit ihnen über ihre Familie und ihre Kinder – aber misch dich nicht in ihre Angelegenheiten ein! Geh' jetzt und tu, was ich dir sage! Wenn du willst, komme in zwei Jahren wieder."

So kam es, daß der junge Unternehmer erst zwei Jahre später wieder zum Tee zu diesem Zen-Lehrer kam. Mittlerweile hatte er die Führung des Unternehmens übernommen und war ganz in seiner Arbeit aufgegangen.

Sie tranken grünen Tee. Der Meister hatte extra für diese Begegnung ein wunderschönes Rollbild mit dem Motiv eines sprießenden Bambus aufgehängt. Der erfolgreiche junge Unternehmer berichtete davon, wie er in den letzten beiden Jahren um seine Leute bemüht gewesen war, wie er auch in schwierigen Situationen versucht hatte, seine Mitarbeiter zu befragen, und wie er geduldig und mit großem Verständnis für seinen Vater das Generationenproblem in den Griff bekommen hatte. Er erzählte von seiner Vision, die Mitarbeiter auf den Wandel der Zeit einzustimmen, und von dem Risiko, das er bei Investitionen für neue Maschinen eingegangen war.

112

Nach einer Weile schaute er den Meister an, weil er sich wunderte, daß der bisher noch gar nichts dazu gesagt hatte.

Der Meister lächelte, und dann sagte er: „Das ist es. Der alltägliche Geist ist der Weg!"

Bambus hat
verschiedene
Knoten
Ho Kando Osho

Eine Tempelfahne flattert im Wind. Zwei Mönche diskutieren darüber. „Die Fahne bewegt sich!" sagt der eine. „Der Wind bewegt sich!" sagt der andere. Der Sechste Patriarch, der sie streiten hört, sagt: „Weder der Wind bewegt sich, noch die Fahne bewegt sich. Es ist euer Geist, der sich bewegt."

Mumon Kan

3. Der Weg ist das Ziel — das Ziel ist kein Weg

Zen hat immer zu tun mit Bewegung und Dynamik. Der Weg ist das Ziel heißt: Schreite voran, bewege dich, definiere ein Ziel, peile es an, gehe los, und achte vor allen Dingen auf den Weg und immer auf den nächsten Schritt. Setze so Fuß konsequent vor Fuß. Der längste Weg beginnt mit dem ersten Schritt. Man kann auch keinen Schritt überspringen, sondern immer nur einen Fuß vor den anderen setzen. Laß dich durch nichts und niemanden aufhalten — schreite voran. Manchmal ist nicht die Gerade der kürzeste Weg zwischen zwei Punkten, sondern ein Seitenweg oder ein langsameres Gehen, ein Ausweichen oder sogar ein Verharren — jedoch bleibe in Bewegung! In Bewegung bleiben kann durchaus bedeuten, einmal zu verharren. Es ist der Geist, der sich bewegt, der voranschreitet und erkennt, daß es überhaupt keinen Stillstand gibt. Es ist die Einsicht, daß man permanent „auf dem Weg ist".

Fließe also mit, genieße den Fortschritt, und der Genuß führt dich unweigerlich zum Ziel. Der Eintritt des Zieles ist unausweichlich, solange du dich im Fluß befindest. Allerdings — was nutzt das Erreichen des Zieles — der Fluß geht weiter, und damit gibt es immer neue Ziele. Erkenne

115

also die Gleichwertigkeit von Leben, Arbeitsfluß und Ziel-
erreichung. Schreite kontinuierlich und konsequent voran,
Schritt für Schritt. Es geht sowieso nicht anders. Das Voranschreiten ist genauso wichtig wie das Erreichen des an-
gestrebten Zieles.

Unter anderem Aspekt gilt jedoch auch: Das Ziel ist *kein*
Weg. Zen-Training mag prozeßorientiert sein, so daß sich
aus der Abfolge der Schritte ein Weg ergibt. Der Zen-Geist
erkennt jedoch das Unbewegte. Es gibt überhaupt keinen
Weg – außer bei dir in Gedanken. Es gibt immer nur den
gegenwärtigen Moment. Es gibt keine Vergangenheit, es
gibt keine Zukunft, es gibt nur diesen Moment: *jetzt!*

Zen-Geist bedeutet – mitten in der Gegenwart zu stehen. Ich erkenne, daß ich diese Gegenwart bin – hellwach
und präsent und daß ich Herr dieser Gegenwart bin. Die
Erkenntnis ist nämlich, daß die Meisterschaft über den Moment die Meisterschaft über das gesamte Leben ist. Gib
jetzt 100 Prozent. Du kannst es nicht mehr in der vergangenen Sekunde tun, du kannst es noch nicht in der nächsten Sekunde tun; du kannst nur *jetzt* 100 Prozent geben.
Also nochmals: Außer in Gedanken gibt es überhaupt keinen Weg. Meistere den Moment, und du bist der Herrscher
deiner Welt.

Welche Einsicht ergibt sich aus der doppelten Wahrheit:
Der Weg ist das Ziel – das Ziel ist kein Weg?

Das Leben ist nicht alternativ, sondern scheinbare Ge-
gensätze heben sich auf, wenn man sie nur aus einem anderen Blickwinkel sieht. Sie ergänzen sich und sind beide
völlig wahr. So sagt auch Hesse im Siddharta: ,,Von jeder Wahrheit ist das Gegenteil gleichermaßen wahr.''

Im Zen-Training sieht dieser Widerspruch so aus, daß
man wieder und wieder dieselbe Haltung im Zazen ein-
nimmt, sich wieder und wieder in die Stille hineinvertieft

116

und kontinuierlich übt, äußere und innere Haltung in völlige Kongruenz zu bringen. Immer tiefer hinein begibt man sich in die Stille, und so kann man über Monate, Jahre und Jahrzehnte hinweg die Entwicklung eines Menschen verfolgen. Dies ist eine Entwicklung, die Ziel um Ziel überschreitet, bis hin zu einer unglaublichen Verfeinerung. Und dieser verfeinerte wache Geist ist unbedingt und unbewegt, er existiert immer nur in dieser Sekunde.

Wie fragte einmal ein Trainer im Karateunterricht: ,,Was ist die wichtigste Technik, die wir im Karate kennen?"

Seine Schüler gaben eine Vielzahl von Antworten auf diese Frage: ,,Ein Fauststoß", ,,ein Tritt", ,,ein Fußfeger" usw.

Er selbst gab die Antwort: ,,Die wichtigste Technik ist die, die ich *jetzt* anwende."

Konsequenz

,,Machen wir uns auf den Weg — und zwar *jetzt*.

Kommentar zu: Der Weg ist das Ziel –
das Ziel ist kein Weg

Ein Test, ob Sie auf Ihrem Weg jetzt irgend etwas Bedeutsames tun sollten:

Welchen Ratschlag würden Sie einem Nachfolger in Ihrer jetzigen Aufgabe mit auf den Weg geben? Formulieren Sie es hier:

Sie sollten _____

_____

_____

_____

_____

_____

Was immer Sie Ihrem Nachfolger geraten haben – tun *Sie* es *jetzt!*

Der Kleiderständer, der reden konnte

In alten Zeiten ließ der Mandarin von Kyomo sich auch auf seinen Reisen nicht von seinen Zeiten der konzentrierten Versenkung abhalten. So begab sich auf seinem Zen-Weg einmal eine sonderbare Situation.

Während einer Reise war es wieder einmal Zeit anzuhalten, um die Übung zu vollziehen. Der Mandarin befahl seinen Begleitern abzusitzen. Sie bauten wie immer in Windeseile das Zelt auf, plazierten die nötigen Utensilien wie Unterlage, Sitzkissen, Glocke und Räucherwerk, um es dem Lehnsherrn zu ermöglichen, seine Übung zu machen.

Diesmal jedoch war das Zelt des Mandarins genau auf der Kreuzung zweier Reisfeldwege aufgebaut worden. Schon nach kurzer Zeit standen einige Bauern aus allen Richtungen kommend mit ihren Karren vor der versperrten Weggabelung. Es blieb ihnen nichts anderes übrig, als abzuwarten, bis der große Mandarin seine Übung beendet hatte.

Da erschien ein altes Mütterchen vor dem Wachposten des Zeltes und wollte wissen, warum es hier nicht weitergehe.

Der Soldat erklärte ihr, daß der Mandarin das dreifache Viertel einer Stunde mit seiner Zen-Übung beschäftigt sein würde und sie sich somit zu gedulden habe.

Da ließ die alte Frau unverzüglich und ohne jede Vorandeutung einen langen, gellenden Schrei aus ihrer Brust aufsteigen:

„Hiiiiiiiiiii, He He He, Hiiiiiiiii, Auuuuu, Ooiieehh, Yaa!"

Der wachhabende Soldat war schockiert, irritiert und fasziniert — alles zur selben Zeit. Dann faßte er sich und rief die alte Frau zur Ruhe. Doch die sagte: „Du wirst mich gleich am Ende seiner Übung zu ihm bringen. Das versprichst du mir! Oder du hörst meinen Schrei nochmal so laut!"

So bekam die Alte etwas später Einlaß in das Zelt und stand vor dem Mandarin.

„Wer bist du, was willst du, und was schreist du hier herum?" fuhr der Mandarin die alte Frau unwirsch an.

Die aber fiel wie ein Blatt, langsam und senkrecht zu Boden und landete genau in einer aufrechten Lotusposition. Dann sagte sie:

„Ich bin Hashimoto Michiko, ich will dich fragen, ob du mir zu Recht meinen Weg versperrst? Wenn das wirklich so ist, werde ich dich in Ehren in meinem Geist bewahren."

„Und wenn das nicht so ist?" schrie der Mandarin ihr entgegen.

„Dann habe ich heute einen Kleiderständer gesehen, der sprechen kann", sagte Hashimoto Michiko ganz ruhig.

Für einen Moment saß der Mandarin etwas zögerlich und nachdenklich da, aber dieser Moment genügte Hashimoto, um zu fragen: „Mandarin, was ist dein Ziel mitten auf diesem Weg?"

„Hör zu Alte, ich sitze in Stille. Ich übe Disziplin, Versenkung und Erleuchtung. Ich beherrsche die Welt, weil ich mich beherrsche."

Hashimoto antwortete ihm: „Das kannst du nicht. Du kannst nicht stillsitzen. Deine Augenlider bewegen sich. Dein Herz schlägt. Dein Blut pulsiert. Deine Haare wachsen, während du hier auf dem Weg sitzt. Nennst du das Stille?"

120

„Was redest du da, Hashimoto?" antwortete der Mandarin jetzt merklich gelassener. „Würde ich deine Stille erfüllen, wäre ich ja tot!"

Hashimoto sagte: „Hör zu, Mandarin, dein Tot-Sein ist immer noch nicht Stille. Höchstens Zerfall. Deine Zellen lösen ihren Verbund, deine Säfte machen sich auf und davon, und selbst deine Soldaten würden im ganzen Land Zeter und Mordio schreien."

Der Mandarin wurde jetzt sehr unsicher, weil er merkte, daß er dieser alten Frau nicht gewachsen war.

„Also gut, Hashimoto! Was soll ich tun auf meinem Weg?"

Hashimoto war ganz vergnügt und quicklebendig, als sie ihm sagte:

„Mandarin, auch wenn es dich nicht gäbe, diesen Weg gäbe es trotzdem. Überwinde den Gedanken, es könnte *dein* Weg sein. Es ist nicht dein Weg – es ist *der* Weg. Mach den Weg hinter dir weit und breit, damit andere ihn auch gehen können. Darum bist du Mandarin."

Der Mandarin fühlte sich beschämt und mochte der alten Hashimoto in diesem Moment nicht mehr in die wachen Augen sehen. Er drehte sich um und rief einen Soldaten herein.

„Soldat, gib den Leuten draußen ihren Lohn. Bezahle jeden, der gewartet hat für eine Stunde Lehnsarbeit."

Dann wandte er sich wieder Hashimoto zu: „Du hast mit einem Kleiderständer gesprochen. Mit diesem hast du heute das letzte Mal gesprochen. Mein Name ist Yamada Akihiro."

Hashimoto verbeugte sich zu einem leichten Gassho (Gruß) und ging rückwärts aus dem Zelt. Draußen rief sie laut und schrill: „Hiiiiiiii. He He He. Yaahoo. Tschutscha!"

Schöpfe Wasser –
der Mond liegt in
deiner Hand
Goto Yuko Osho

122

„Eine Blume wird gezeigt, und das Geheimnis ist enthüllt.
Kasho beginnt zu lächeln."

Mumon Kan

4. Hallo, Feind!

Im Zen-Training gibt es das sogenannte Sesshin. Das sind Wochenenden – oder Wochentrainings –, in denen wenig geschlafen wird. Um 3.30 Uhr früh beginnt der Tag. Es wird viel meditiert, geschwiegen, hart gearbeitet, karg gegessen und erst nachts um 23.00 Uhr ins Bett gegangen.

Nach etwa einem Tag eines solchen Trainings passiert es regelmäßig, daß plötzlich eine Person, eine Anordnung, ein Umstand den größten Unwillen, Mißmut, Ärger fast bis zum Haß unter den Teilnehmern auslöst. Eine solche Person kann dann nichts, aber auch gar nichts richtig machen. Sie sitzt falsch, sie geht falsch, sie steht falsch, sie kommt falsch zur Tür rein – kurzum, diese Person ist die personifizierte „Unperson". Nach Abschluß des Sesshin, wenn die Möglichkeit besteht, wieder zu sprechen und der ganze Druck von einem abfällt, verwandelt sich diese „Unperson" in einen äußerst angenehmen Zeitgenossen, dem man herzlich die Hand drückt, ja, den man sogar in den Arm nimmt.

Hat man mehrere Sesshin mitgemacht, stellt man immer wieder denselben Ablauf fest. Irgend etwas oder irgend jemand ist während des Trainings unmöglich. Nach weiteren Sesshin hat man die Psychologie der Ablehnung durchschaut. Es ist so, daß in einem selbst Ablehnung, Unwillen, Ärger, Unlust hochkommen. Diesen „eigenen Hut" hängt man an irgend jemanden oder irgend etwas auf. Der andere ist nur „Hutständer". Die uns geläufige Metapher für dieses Phänomen ist: „Die Welt ist ein Spiegel deiner selbst."

Ein Sesshin ist der Beweis für diese Metapher. Der eigene Ärger findet immer sein Opfer. Die Konsequenz daraus ist: „Es gibt keine Feinde, es gibt nur Feindbilder." Alles, was uns gegenübertritt, das sind wir selbst. Daraus ergeben sich zwei Schlußfolgerungen:

1. Bin ich voller Ärger und Ablehnung, so steht mir eine Welt von Feinden gegenüber.
2. Schaffe ich in mir Haß und Ablehnung ab, so schaffe ich Feinde ab.

Eigentlich ein ganz einfaches Prinzip! Sich die Welt zu Freunden zu machen bedeutet nichts anderes, als in sich selbst die Ablehnung abzuschaffen.

Noch eine weitere Überlegung dazu: Habe ich einen Feind, dann habe ich Feindschaft in mir. Was heißt das? Mit Feindschaft geht es mir schlecht.

Habe ich einen Freund, dann habe ich Freundschaft in mir. Was heißt das? Dann geht es mir gut.

Meine Feindschaft spiegelt sich in allen anderen, wie auch meine Freundschaft. Was ist besser? Eindeutig Freundschaft! Also, bitte Umsetzung!

Statt Konkurrenz: Kooperation. Statt eines Kleinkrieges: lieber ein Kartell. Nicht nur, daß es Ihnen dann persönlich bessergeht — damit verdient man auch mehr.

Wem diese Einsicht dann doch zu weit geht und zu schlicht erscheint, sollte das Mindestmaß einhalten: Achtung und Höflichkeit.

Im Laufe jahrelanger Sesshin-Trainings stellt man übrigens fest, daß sich mit der Erkenntnis der „Spiegelung" Haß und Ablehnung verringern und letztlich verschwinden und daß man der Welt, insbesondere den anderen Menschen, mit mehr Achtung, Wohlwollen und Nachsicht entgegentritt. Und das ist nicht nur für den anderen gut, sondern das ist auch Balsam für die eigene Seele.

Konsequenz

Mein Spiegel ist immer freundlich zu mir, wenn ich lächle.

Kommentar zu: Hallo, Feind!

Kämpfen, wo zu kämpfen lohnt. Schön wär's! Da braut sich etwas zusammen in der Firma – lieber gleich absichern. Ein Gerücht macht die Runde – jetzt aber unruhig werden.

Es gibt auch Manager, die sehen ihre Aufgabe darin, für Ruhe im Unternehmen zu sorgen. Wo aber gibt es die meiste Ruhe, wenn nicht auf einem Friedhof? Das sind zwei Extreme im Umgang mit ,,Feinden".

Wo ist der Weg des Langmutes, der Gelassenheit und des klaren Handelns? Der liegt, wie so oft, in der Mitte der beiden extremen Pole. Hellwachen Geistes erkennen, wann die Zeit reif ist und welche Rolle man selbst dabei spielt – und dann handeln, mit einem Streich (wenn es sein muß auch an sich selbst)!

Klares Wasser im See

Ein junger Mönch ging zum Roshi und sagte: „Meister, ich bin gerade neu in dieses Kloster eingetreten. Bitte, gib mir eine Unterweisung."

Der alte Roshi lächelte ihn an und sagte: „Gut, komm mit mir in den Garten."

Der Tempel lag inmitten eines wunderschönen Parks. Hier standen uralte, vom Wind gebogene Bäume, mächtige Bambusstauden, die im Wind rauschten, und schlanke Gräser, die sich vor jedem Lufthauch verneigten, als wollten sie dem Wind nicht im Wege stehen. Auf ihren einfachen Strohsandalen gingen der Roshi und sein Schüler einen sauber geharkten Kiesweg entlang, der in leichten Windungen bis hinunter an einen kleinen See führte.

Der Roshi ging ruhigen Schrittes voraus und blieb erst stehen, als er das Ende eines hölzernen Steges erreicht hatte, der mitten in den See hineinragte. Es war ein schöner Morgen mit einem guten Duft in der Luft und hellen Sonnenstrahlen, die den Tag freundlich erhellten.

Hier am Ende des Steges blieb der Roshi stehen und hieß dem Mönch durch eine einladende Geste, neben ihn zu kommen. Da standen sie nun beide eine Weile ganz ruhig und schauten in das Wasser.

Dann fragte der Roshi den Mönch: „Was siehst du?"

Der Mönch antwortete: „Meister, das Wasser ist so klar und so glatt. Ich sehe mein Gesicht, wie es leicht verzerrt vom Spiel des Wassers bewegt wird."

Der Roshi wandte sich um und ging zurück. Unter einem großen Bambusstrauch blieb er stehen und schaute den jungen Mönch an. Dann sagte er: „Du hast im See gesehen, was du schon immer gekannt hast. Dein eigenes Spiegelbild. Stellst du deinen Blick jedoch einmal auf eine andere Brennweite ein, wirst du Fische sehen, die im Wasser ihr munteres Spiel treiben, und eine Schnecke, die dich anschaut. Ebenso wirst du bemerken, daß einige alte Töpfe und die Scherben zerbrochener Schalen auf dem Grund gebettet liegen.

So aber siehst du nur, was du überall siehst. Wo immer du auch hinschaust, siehst du immer nur dich selbst.

Wenn dir etwas gefällt, gefällt es dir an dir. Wenn du etwas ablehnst, lehnst du es an dir selbst ab.

Geh jetzt noch einmal alleine auf den Steg hinaus und versuche, alles zu sehen. Alles ist in dir. Etwas anderes wirst du nicht entdecken.“

Am Abend begegnete der Mönch dem Roshi bei der Unterweisung unter vier Augen. Der junge Mönch sagte: „Meister, heute habe ich eine Menge gelernt. Das Gute, das Angenehme habe ich immer schon gerne entdeckt. Das Verborgene, besonders wenn es schlecht oder unangenehm ist, ebenso dankbar anzunehmen, das lernte ich heute vom See.“

„Plötzlich durchbrichst du die Schranke. Du wirst den Himmel in Erstaunen versetzen und die Erde erschüttern."

Mumon Kan

5. Kopieren, kapieren, kultivieren

So wie die überwundene Form zur Freiheit führt, so führt der Trainingsweg im Zen von der Kopie zur Kultur.

Im Zen ebenso wie in den japanischen schönen Künsten (Teeweg, Kalligraphie, Ikebana usw.) oder auch in den Kampfkünsten (Kendo, Kyudo, Karate-Do usw.) ist das Trainingsprinzip immer dasselbe: Zunächst wird die Form oder die Aktion vom Lehrer vorgemacht und dargestellt. Dann wird durch den Schüler das Dargestellte nachgeahmt. Der Lehrer korrigiert. Beim nächsten Mal geht es nach demselben Muster. Das Prinzip ist, daß über die Einübung der vorgemachten Form sich auch der Inhalt einübt. Der Körper ist die Form. Der Geist ist der Inhalt. Beides muß eines werden.

So geht das Training im Zen und in den Künsten des Zen zunächst immer über die Form und die Tradition. Wieder und wieder wird diese Form nachgeahmt und eingeübt. Irgendwann passiert es dann − ein erstes Mal erkennt man plötzlich den Geist, der in dieser Form steckt − man kapiert in einem einzigen Moment!

„Am Teich viele schöne Blumen gesehen. Wer Zazen übt, sieht mit dem Hara. Man soll nicht mit den Augen sehen, mit den Ohren hören. Der kurze Weg vom Auge zum Mund, vom Ohr zum Mund wird in der Schule gelehrt. Das ist nicht Zen!" (*Nagaya Roshi*).

Wesentlich ist, daß eine Übung *bewußt* immer und immer wiederholt wird, bis sich einem plötzlich die Einsicht ergibt. In diesem Moment wird Wissen zur Gewißheit.

Man schaut in die Form hinein und erkennt, wie und wieso diese Form nur so und nicht anders sein kann. Man versteht urplötzlich, was mit der Form gemeint ist und daß es nur einen Weg gibt, keinen zweiten und dritten. Inhalt und Form, Geist und Körper fallen zusammen − und fallen dann wieder auseinander. Allerdings, man hat jetzt wenigstens für den Bruchteil einer Sekunde − verstanden. Bis zum nächsten Übereinstimmen dauert es oft abermals eine lange Zeit des Trainings und der Anstrengung. Doch früher oder später stellt sich wieder ein solcher Moment ein, und später treten diese Momente immer häufiger auf. Er ist der Weg von einer ersten Einsicht zur sich entwickelnden Kontinuität und Kultur. Das langsame Voranschreiten der Erkenntnis ist eines der Zentralelemente in allen japanischen Wegen (Do). Ausgangspunkt ist das völlige Zurücktreten der eigenen Person hinter den Lehrer. Der Meister wird so lange nachgeahmt, bis sich − manchmal nur für Sekunden − eine Kopie mit bewußtem Inhalt ergibt.

Von dort beginnt der Weg zu einem (neuen) Original und dann weiter vom Original zur Kunst (oder zum Spiel). Das ist dann der meisterliche Weg und auch der Weg zur Meisterschaft. Zen oder einer der Wege des Zen haben einen zur Selbst*erkenntnis* geführt.

Doch der meisterliche Weg geht weiter von der Selbsterkenntnis zur spielerischen Selbst*vergessenheit*. Meisterschaft bedeutet in diesem Sinne nichts anderes als die Entwicklung und Verfeinerung der eigenen Persönlichkeit, des eigenen Lebens, der persönlichen Dynamik und der Kultivierung der Welt, in der man lebt. Das betrifft den Arbeitsbereich ebenso wie den privaten Bereich. Es gibt zwischen den Bereichen überhaupt keine Trennung mehr — es geht nur noch um die sich an jedem Ort zu jeder Zeit aktualisierende Meisterschaft. Eine Trennung der Lebensbereiche ist rein willkürlich, nur im Kopf geschaffen.

Wesentliches Merkmal eines Menschen, der den Zen-Weg geht, ist, daß er immer eins ist mit sich und der Situation, sei es in der Arbeit, sei es in der Freizeit, sei es beim Sport, bei gesellschaftlichen Anlässen oder sonst irgendwo. Es hat sich in einem solchen Menschen (und das gilt gleichermaßen für Organisationen) eine innere Atmosphäre entwickelt, die nunmehr nach außen strahlt und die auch in der Außenwelt die Atmosphäre bestimmt. Der Prozeß hat sich nämlich umgekehrt. Während zunächst die Form den Inhalt entwickelt hat, bestimmt nunmehr der Inhalt die Form, dringt nach außen und gestaltet auch die Umwelt. Auf einen Nenner gebracht heißt das also: Suche dir deinen Lebensbereich, fange an, in diesen hineinzuwachsen, erkenne die Gesetzmäßigkeiten und verfeinere sie unablässig.

Konsequenz

Nur was von innen kommt, ist ein eigener Schatz.

Kommentar zu: Kopieren, kapieren, kultivieren

Warum hat noch keiner von uns eine neue Zitronenpresse zum Patent angemeldet? Die Antwort darauf ist ebenso einfach wie präzise: Weil wir uns bis jetzt noch niemals Gedanken darüber gemacht haben, auf welche vielfältige Art und Weise man eine Zitrone noch auspressen könnte, abgesehen von den bisher bekannten Methoden.

Wäre einer von uns „verrückt" genug („verrückt" heißt, ein Stück auf der Zeitachse nach vorne ver-rückt), wäre also einer beseelt von dem Gedanken, eine neue, bessere, modernere, genialere Art zu kreieren, eine Zitrone zu frischem Saft zu machen – und würde er eins mit dieser Anforderung, indem er sich voll und ganz auf diesen schöpferischen Prozeß einließe –, der Welt könnte sich eine wirklich neue Dimension in der Zitronenversaftung eröffnen.

Statt dessen gibt es unter uns Menschen immer noch die ewig nörgelnden Zitrussaftpressen-Kritiker, die jedesmal, wenn sie sich selbst ein Glas frischen Zitronensaft auspressen, genau wissen, was an dem Gerät, das sie benutzen, falsch oder unpraktisch ist. Denn selbstverständlich ist die Welt voller *un*praktischer Zitronenentsafter. Wir brauchen diese symbolisch jedoch nur ein Stückchen größer werden zu lassen, und schon haben wir ganze Anlagen, Autos, Büros, Abteilungen, Managementprozesse, ja selbst ganze Unternehmen, die nicht so sind, wie wir sie gerne hätten.

Aber keiner der direkt Betroffenen forscht, tüftelt oder probiert es einmal ganz anders. Sollten Sie selbst in diesen Dingen eine Ausnahme sein, sind Sie wieder einmal zu beglückwünschen. Handeln Sie zum Wohle aller, wie es Ihrer Natur entspricht, suchen Sie sich ein neues Problem, und lösen Sie es.

Die Farbe Gelb

Einmal zeigte ein erfolgreicher Maler einem guten Freund ein Bild, das er gemalt hatte. Größe: etwa ein Meter mal ein Meter. Linke Hälfte der Leinwand lila, rechte Hälfte der Leinwand gelb.

Er hatte dieses Gemälde gerade für ein stattliches Honorar verkauft. „Das kann ich auch!" sagte der Freund spontan.

Der Maler lachte ihn an und erwiderte: „Siehst du, das unterscheidet uns. Du kannst es, aber du tust es nicht."

Der Himmel ist klar, und die Sonne geht auf;
Regen fällt und feuchtet die Erde.
Ohne Rückhalt hat er alles erklärt,
aber wie wenige gibt es, die es fassen können!

Mumon Kan

6. Meister der Stille

Roshi heißt in der Zen-Tradition „alter Meister" und ist
ein Ehrentitel, der einem alten, weisen, gereiften Lehrer
von denjenigen, die ihn kennen, zugewiesen wird.

Zen-Meister sind Meister der Stille. Das heißt jedoch
nicht, sie würden lahm oder zurückgezogen leben oder ge-
fühlsarm sein oder wären nicht präsent! Ihre Fähigkeit ist
genau die, lebendig, punktgenau und hellwach im Moment
zu leben. Ein Roshi ist im Grunde genommen einer, der
sein „Training for Life" beendet hat. In vollkommener
Weise füllt er nun jeden Moment seines Lebens aus. Das
tut er zumeist sehr bescheiden, ohne daß man es merkt,
sehr behutsam und ohne Spuren zu hinterlassen.

Es ist ein konzeptionsloses Leben, das sich in jeder Sekunde verwirklicht. Er behandelt alles so, wie das Leben
es fordert. Im Zen heißt es: „Wenn ich hungrig bin, esse
ich; wenn ich müde bin, schlafe ich." Ein Roshi handelt
genauso, daß er jede Sekunde seines Lebens ausfüllt, ohne
daß es an irgend etwas fehlt und ohne daß irgend etwas
zu viel ist.

Wenn ein Roshi eine Zeremonie leitet, ist er ganz und
gar Zeremonienmeister. Wenn er bei einer kleinen Feier

135

ein chinesisches Lied singt, dann ist er ganz und gar chinesische Melodie. Gibt er Einzelunterweisung, sitzt vor einem ein Tiger. Und unterhält er sich mit einem über ein Alltagsthema, sitzt vor einem ein ganz freundliches altes Männchen, das man von Herzen gern hat.

Im übrigen ist Zen nicht nur Männersache. Genauso schulen sich (seit Jahrhunderten) Frauen auf dem Zen-Weg, und in gleicher Weise haben sie im Laufe des Trainings ihren ganz persönlichen Ausdruck gefunden, der sie ebenso hellwach, präsent, freundlich, diszipliniert und eindeutig jeden Moment und jeden Ort ausfüllen läßt.

Der Roshi ist also lebendiger Ausdruck eines langen Zen-Trainings und der Mittelpunkt der Atmosphäre, die im Kloster herrscht. Er wirkt einfach nur, ohne zu werkeln.

Wie ist er so geworden? Das kommt daher, weil er seine Meisterschaft von der „Pieke auf" gelernt hat. Als Neuling, mit 17 oder 18 Jahren hat er tagelang vor dem Klostertor gesessen und um Einlaß nachgesucht. Nach einer Woche ist er dann vielleicht eingelassen worden und hat als Novize hart gearbeitet, sei es im Garten, wo er Rettiche gepflanzt hatte, sei es auf dem Bettelgang, wenn er mit nackten Füßen im Schnee laufen mußte, oder aber im Kloster, wo er die Gänge, die Hallen und Latrinen putzte. Er hat dann später, als ihm das Leben im Kloster vertraut war, das Amt des Küchenchefs übernommen und für das leibliche Wohl der anderen Mönche gesorgt, und er hat auch das leitende Amt in der Verwaltung übernommen und war für die Finanzen, den geordneten Ablauf im Kloster und die Beziehung nach draußen zuständig. Als älterer gereifter Mönch hat er die Leitung in der Meditationshalle übernommen und jahrelang in Strenge die Meditationen, Zeremonien und Arbeiten angeleitet. Nach vielen Jahren ist er dann selbst Lehrer geworden und hat unzählige Generationen von jungen Schülern angeleitet, erzogen und zur Reife geführt – immer mit dem Ziel, diese so schnell wie möglich zur Einsicht in ihr eigenes Wesen zu leiten und ihnen die Fähigkeit zu geben, „allein gehen zu können". So hat er ein Leben lang die Gesetzmäßigkeit im Kloster von klein auf bis zur Vollendung erfahren, und nichts ist ihm fremd geblieben.

„Roshi in Nadelstreifen" bedeutet nichts anderes, als die Übertragung dieser Geisteshaltung auf eine Unternehmung, eine Firma, einen Betrieb. Ein Mensch dieser Lebens- und Geisteshaltung ist die Firma. Er drückt in allen seinen Handlungen den Geist des Unternehmens aus. Er ist darüber hinaus ein Mensch, der voll Reife und absoluter Verantwortlichkeit die Firma leitet.

Die Firma – das sind all die Menschen, die hier arbeiten und leben: „People make the enterprise". Ein Roshi in Nadelstreifen ist in jedem Moment Autorität und Klima, das allen die Möglichkeit gibt, sich selbst zu entwickeln im Sinne der gemeinsamen Unternehmung. Ein Roshi in Nadelstreifen stellt die Atmosphäre von Freiheit her, in der sich all die anderen bewegen und wachsen können.

Konsequenz

Er ist das Meer, in dem seine Fische schwimmen.

Kommentar zu: Meister der Stille

Diese Welt ist eine Einheit. Wenn wir alle Grundstücke dieser Erde zusammenzählen, kommen wir genau auf eines. Dieses eine große Grundstück haben wir zwar in Parzellen aufgeteilt, aber es bleibt dennoch ein zusammenhängendes Ganzes.

Diese Welt ist eine Einheit, alles hängt zusammen ... und plötzlich ist es nicht mehr egal, ob in China ein Sack Reis umfällt.

Unser Unternehmen ist eine Einheit ... und plötzlich ist es nicht mehr egal, ob ein Mitarbeiter ein Problem hat.

Der Mensch ist eine Einheit ... und natürlich ist es nicht egal, ob er eine schlechte Angewohnheit hat.

Alles hat mit allem etwas zu tun. Ein Roshi (in Nadelstreifen) weiß das.

Roshi in Nadelstreifen

Shiro Okumura war ein erfolgreicher Automobilhändler im modernen Japan des 20. Jahrhunderts. Er handelte mit traditionellen teuren Fahrzeugen ebenso geschickt wie mit importierten europäischen Nobelmarken. Im vergangenen Jahr war Shiro mehrfach in der Öffentlichkeit aufgetreten. Man hatte ihn zum Manager des Jahres gewählt, und so kam es, daß er auch zu Talkshows im Fernsehen eingeladen wurde. Das machte ihn schnell bekannt und schadete seinem Image ebensowenig wie seinen Umsätzen.

Er hatte den Betrieb vor einigen Jahren von seinem Vater übernommen und mit gutem Gespür für die richtigen Entscheidungen ein florierendes Filialunternehmen daraus entwickelt.

Eine persönliche Seite, die vielen Menschen bislang verborgen geblieben war, war sein Interesse an der Geisteshaltung des Zen. Zu Hause hatte er sich eine kleine Zendo (einen Übungsraum) eingerichtet. Dort übte er morgens und abends die Versenkung in die geistige Konzentration. Ab und zu besuchte er ein Übungswochenende in der Gemeinschaft anderer Zen-Schüler, ein sogenanntes Sesshin, unter Anleitung eines Jikijitsu (des Übungsleiters).

Hier im Zen-Tempel begegnete Shiro Okumura seinem jetzigen Zen-Lehrer Mohito Mijatchi. Die Schüler nannten ihn voller Anerkennung Roshi. Mohito Mijatchi war ein Meister in der Kunst, den Pinsel zu führen. In dieser Kunst des Schreibens, er nannte es den Weg der Tuschspuren (Shodo), drückte sich auf unerklärliche Weise seine tiefe Weisheit aus.

In der geistigen Auseinandersetzung führte der Roshi seine Schüler behutsam, aber konsequent auf dem Weg der Erkenntnis voran. Jedes Stück dieses Weges wurde in dieser Auseinandersetzung von einer Aufgabe repräsentiert. Diese Aufgabe (das Koan) mußte vom Schüler gelöst werden und verriet mit der Lösung seine Entwicklung. Im Laufe der Jahre hatte Shiro eine tiefe Verehrung für seinen Lehrer entwickelt. Im stillen fand Shiro sogar, daß Mohito sein aufrichtigster Freund geworden war — aber das hatte er ihm nie gesagt.

Einmal hörte Shiro Okumura seinen Meister sagen: ,,Für deine Übung ist jeder Ort richtig.‘‘

Gehört hatte er dies im Laufe der geistigen Auseinandersetzung immer wieder — verstanden, richtig tief verstanden, hatte er diesen Satz jedoch nie.

Eines Tages hielt der Roshi im Kreise der Shanga (der Gemeinschaft der Übenden) einen Vortrag (Teisho). ,,Für deine Übung ist jeder Ort richtig‘‘, so war das Thema des Teisho. Alle hörten ganz aufmerksam dem zu, was der Roshi sprach. Und Shiro Okumura hatte das Gefühl, jeder habe den Meister zutiefst verstanden — nur er nicht.

So entschloß er sich, dem Roshi bei passender Gelegenheit seine Zweifel, seine Irritation, sein Unverständnis zu gestehen.

Etwa ein Monat war vergangen, als sie sich bei einer Schale grünem Tee gegenübersaßen und Shiro den alten Meister auf diesen Satz ansprach. ,,Roshi, Zen ist nichts fürs Geschäft. Du müßtest mal zu mir ins Büro kommen, dann würdest du nicht mehr sagen, daß jeder Ort gut sei für die Übung.‘‘

Der Roshi nahm vier Schluck vom Tee, dreht seine Schale in eine gute Position, stellte die Schale ab und sagte zu ihm freundlich:

„Du arbeitest in einem Büro. Ich arbeite in einem Tempel. Gibt es einen Unterschied, oder gibt es keinen Unterschied? Shiro, für deine Übung ist jeder Ort richtig. Zeig mir dein Büro, laß mich einen Tag mit dir an diesem Ort im Alltag üben."

Shiro dachte, er höre nicht richtig: „Was, du kannst doch nicht in mein Büro kommen. Wir verkaufen Autos! Da laufen alle mit Schlips und Anzug rum! Du kannst doch nicht mit deinem Hakama (das Hosengewand der Zen-Übenden) bei mir auftauchen. Die erklären mich für verrückt!"

Der alte Roshi lächelte verständnisvoll und schlug vor: „Gib mir einen Schlips und einen Anzug, und ich will gar nicht auffallen."

Shiro Okumura nahm seinen ehrwürdigen Lehrer erst beim Wort – und dann bei ihm Maß. Am ersten Tag des nächsten zunehmenden Mondes traf der Roshi gut gekleidet pünktlich um acht Uhr in der Früh im Büro ein.

Sie grüßten sich mit einer leichten Verbeugung und zusammengelegten Händen, wie zwei Judoka, die sich den Regeln auf der Matte unterwerfen, um zu kämpfen. Shiro Okumura bot dem „Geschäftsmann-Roshi" einen Platz an und erklärte ihm seinen für heute geplanten Tagesablauf.

„Um halb neun ist Verkäuferbesprechung, da habe ich alle Verkäufer und Verkaufsleiter hier. Um zehn kommt der Architekt, wir planen eine neue Ausstellungshalle für Neuwagen. Um elf halte ich eine kurze Begrüßungsansprache vor einer Gruppe von Marketingstudenten, die uns besuchen. Um halb zwölf gehen wir dann kurz ins Büro meines Chefbuchhalters, der hat heute Geburtstag. Wenn du mich um zwölf zum Essen begleitest, lernst du meinen wichtigsten Konkurrenten kennen. Die verkaufen zur Zeit doppelt so viele Autos wie wir, allerdings nicht so exklusive. Heute nachmittag gehe ich dann eben die Tagespost durch und diktiere kurz einige Briefe. Ja und dann, so gegen fünf, kommt unser wichtigster Kunde. Das ist der Fuhrparkleiter eines Großabnehmers, wir nennen das ein Flottengeschäft. Mit dem muß ich immer mal ein paar Takte reden. Um sechs habe ich normalerweise einen Termin bei meinem Masseur, da gehen wir aber nur hin, wenn dir das recht ist. Kann ich aber nur empfehlen, damit wir heute abend fit sind. Heute abend ist nämlich das Interview für das Fernsehen im Rahmen der Tokio-Motorshow."

Mohito Mijatchi lächelte und saß aufrecht und gerade auf dem ihm zugewiesenen Stuhl.

„Hast du verstanden Mohito? Wir haben also genug zu tun heute, oder?" fragte Shiro.

Der Roshi, heute in Nadelstreifen, blickte ihn freundlich an und nickte. Dann sagte er: „Ja, Shiro, ich habe alles verstanden. Du willst heute reden, essen und entspannen. Die Reihenfolge hast du schon festgelegt."

Gerade wollte Shiro einen Stapel Papier zusammennehmen, als es an der Bürotür klopfte. Damit gleichzeitig öffnete sich die Tür, und ein aufgeregtes Gesicht mit schiefsitzender Brille erschien im Türspalt.

„Ich bitte um Verzeihung, Okumurasan, aber es gibt da eine wichtige Sache. Ich störe ungern, aber die Polizei ist im Haus, wegen eines Einbruchs heute nacht. Ein Wagen ist gestohlen. Und noch schlimmer, zwei Autos wurden aufgebrochen und beschädigt. Was sollen wir jetzt tun, Okumurasan?"

Shiro blieb ganz gefaßt und sagte: „Verschieben Sie die Verkäuferbesprechung um eine halbe Stunde. Ich komme gleich."

Da klingelte das Telefon. Shiro nahm ab. Seine Sekretärin war dran und sagte, daß das Fernsehen das Interview für die Tokio-Motorshow gerne aufzeichnen wollte und darum den Termin vorverlegt hätte, auf halb sechs, weil Minister Takanaka darum gebeten habe. Man gehe von entsprechendem Verständnis und Flexibilität aus. Halb sechs also.

Eine Sekunde etwa zögerte Shiro nun doch, bevor er den Telefonhörer ganz sanft auflegte.

Zu seinem Roshi gewandt sagte er: „Tut mir leid, Mohito, aber was würdest du machen, wenn du die Polizei im Tempel hättest? Das ist höhere Gewalt. Wir müssen flexibel sein. Laß mich nur eben die Termine umstellen."

Der Roshi saß aufrecht und gerade auf dem ihm zugewiesenen Stuhl und lächelte.

Shiro sagte dann: „Oh, bevor ich es vergesse, erinnere mich bitte daran, daß wir den Chauffeur umbestellen, wegen des Interviews."

Schon hatte Shiro neue Anweisungen parat, die er über die Gegensprechanlage an sein Vorzimmer weitergab.

Etwas mehr an sich selbst gerichtet murmelte er gerade: „So, wo waren wir stehengeblieben? Ach ja, die Termine ...", als erneut das Telefon klingelte. Er nahm ab: „Bitte, ich möchte jetzt nicht – ach so – na gut." Er hielt die Sprechmuschel zu und flüsterte zum Roshi: „Meine Mutter." Dann, als ob er das Ritual kennen würde, setzte er sich hinter seinen Schreibtisch.

„Mutter, das ist jetzt ganz schlecht ... was! ... Bitte bleib ganz ruhig, ich komme!"

Zwei Stunden später, genau um 11.03 Uhr hielt der starke Shiro seine Mutter in den Armen, stützte und beschützte sie bei der Nachricht vom Tod seines geliebten Vaters. Die Ärzte im Krankenhaus hatten alles unternommen, um seinen herzkranken Vater zu retten. Der Ruf des Schicksals war aber stärker gewesen.

Sein alter Roshi, in Nadelstreifen, war ein Bündel des Mitgefühls. Er lächelte, aber irgendwie anders. Sein Jackett war komplett zugeknöpft.

Shiro bemerkte das und hörte im Geiste noch einmal die Worte von heute morgen: „Du willst heute reden, essen und entspannen. Die Reihenfolge hast du schon festgelegt."

Ganz plötzlich und unerwartet trat der alte Roshi vor Shiro, der noch immer seine Mutter im Arm hielt, und sagte leise, aber scharf und bestimmt: „Sag dem Arzt, du willst deinen Vater sehen. Jetzt gleich! Sag ihm das!"

So kam es, daß Shiro einige Zeit später am Totenbett seines Vaters stand. Der alte Roshi stand hinter ihm und beugte sich vor, um zu Shiros Vater, den er noch nie zuvor gesehen hatte, zu sprechen.

Der Roshi sprach Shiros Vater an, in ganz normaler Lautstärke:

„Komm, das kannst du doch nicht machen. Du hast dich noch nicht von deiner Frau und deinem Sohn verabschiedet. Mach das noch. Komm noch mal zurück. Und geh dann ganz ruhig und in Liebe."

Shiro war irritiert, es war ihm, als ob sein Vater für einen Moment ganz sanft die Augen öffnete. Und jetzt war es gut. Jetzt war es wirklich gut. Shiro weinte und umarmte den alten Roshi. Dann flüsterte er: „Für deine Übung ist jeder Ort richtig. Laß uns gehen."

Er drückte noch einmal sachte die Hände des alten verstorbenen Vaters und übernahm in tiefer Ruhe dessen Lebenswerk. Auch wenn es Händler gab, die doppelt so groß waren wie sein Haus.

„Management ist eine Form von Kunst. Harte
Arbeit und plötzliche Eingebung müssen sich
in dieser Kunst ergänzen."

Akio Morita

7. Freude am Wandel oder: Lebenskunst und Management

Management ist ein schöpferischer Prozeß. Harte Arbeit und plötzliche Eingebungen bedingen sich. Wer seine Arbeit als Kunst versteht, den ergreift sie voll und ganz. Nur so lassen sich Höchstleistungen erzielen. Erst wenn man sich einer Sache ganz und gar verschreibt, sind Intuition und Kunst möglich.

So kommt es auch nicht von ungefähr, daß Akio Morita, der Manager, der das vorangegangene Motto geprägt hat, ein Japaner ist. Gilt doch Japan als das Land der absoluten Kultivierung und Verfeinerung schlechthin. Japan ist aber auch das Land, in dem Zen und Kaizen eine grundsätzliche Lebenshaltung geworden sind.

Kaizen ist mittlerweile auch bei uns zum Synonym für andauernde Verbesserung geworden. (Kai bedeutet „Veränderung" und Zen „gut" bzw. „zum Besseren"). Es handelt sich dabei nicht um eine Technik, sondern um die prinzipielle und kontinuierliche Änderung im Denken und Handeln aller in die *Organisation* eingebundenen Mitarbeiter. Kaizen gilt als das Grundprinzip, das Miteinander von Menschen sowie von betrieblichen Abläufen in einem entscheidenden Maße zu verbessern.

Zen ist im Gegensatz zur Organisationsveränderung die japanische Methode, sich *persönlich* kontinuierlich zu entwickeln, Selbstbewußtsein aufzubauen und die Verantwortung für die eigene Welt zu übernehmen.

Beide Schulungsmethoden, beide Handlungsanleitungen, beide Denkansätze haben das Ziel, den Ist-Zustand von Organisation und Person zu optimieren und zu veredeln.

Eine Grundaussage des Zen lautet: „Was entsteht, vergeht."

Es gibt nicht ein einziges Phänomen (sei es materiell oder immateriell), das nicht vergänglich ist. Das gilt für den gesamten Kosmos ebenso wie für einen einzigen Gedanken. Anders – positiv – ausgedrückt heißt das: „Das einzig Beständige ist der Wandel."

Eine Kernaussage des Kaizen lautet: „Nichts ist unmöglich."

Das gilt sowohl für die Verbesserung von Materie als auch für die Erweiterung jedes Gedankens bis ins Unendliche. Die Firma Toyota steht als Beispiel und Garant für die Richtigkeit dieses Ansatzes.

Beide Botschaften zusammengenommen besagen: Zwar geht alles wieder zugrunde – aber was immer man tut, es sollte das Bestmögliche sein.

Und dort, wo das einzig Beständige der Wandel ist, lautet die Konsequenz aus dieser Einsicht: Mitfließen.

Der englische Begriff für diese Aufforderung und dieses Phänomen heißt „Flow". Flow-Zustände sind ein Synonym für Glück.

Glücksgefühl, Hochstimmung, Freude und Ekstase entstehen immer dann, wenn das Merkmal des Flow, des Mitfließens, vorliegt. Bei Glücksforschern wird deshalb auch nach Methoden gesucht, Flow zu aktivieren und anhaltende Flow-Erlebnisse wachzurufen. Das Flow-Gefühl tritt immer dann ein, wenn Menschen hochkonzentriert Tätigkeiten nachgehen. Dabei wird die Produktion körpereigener Glücksstoffe – der Endorphine – angeregt.

Wie durch einen Zauber und völlig in dem aufgehend, was man tut, verfügt man im Flow-Zustand über ein höchstes Maß an Energie. Man ist absolut konzentriert, ganz man selbst und eins mit dem, was man tut. Die Dinge, die man tut, tut man im Flow-Zustand bestmöglich.

Zen und Kaizen kultivieren heißt also: ,,Mitfließen''! Eine Eingebung, ein guter Einfall ist dann nicht mehr Zufall, sondern Teil des Systems geworden. Ständige Verbesserung, Veränderung und Verfeinerung sind eine lebendige Haltung geworden, ausgerichtet auf ein unendliches Ziel.

Konsequenz

Lebenskunst und Management sind nichts anderes als kultivierter Flow.

148

Kommentar zu: Freude am Wandel

Was würden Sie tun, wenn morgen Ihr bester Mitarbeiter kündigt? Diese Frage ist hier nichts weiter als ein prüfender Gedanke, was Sie selbst unter „Mitfließen" (Flow) verstehen.

Hier ein paar weiter vertiefende Flow-Gedanken: Ergänzen Sie sinngemäß und aus dem Gefühl heraus:

— „Wenn wir am Geschäftsjahresende unser Budget nicht erfüllt hätten, dann würde ich ..." (?)
— „Wenn ich wegen einer Erkrankung einige Wochen nicht arbeiten könnte, dann würde ich ..." (?)
— „Wenn mein Lebenspartner mein berufliches Engagement nicht mehr akzeptieren könnte, dann würde ich ..." (?)

Flow bedeutet mitfließen mit einer Welt, die keine Pause kennt. Flow ist Freude am Wandel. Flow ist Management in Reinkultur. Manager leben *von* der Veränderung. Manager leben *für* die Veränderung. Eins ist sicher, wenn wir morgen in den Spiegel schauen, sind wir nicht mehr, wie wir waren. Das ist das Gute am Wandel.

Die Entdeckung des Ozeans

Ein Babyfisch schwamm mit leichten Schlenkerbewegungen neben seiner Mutter im klaren Wasser des Meeres. Es war ein schöner Tag heute. Da sagte der kleine Fisch auf einmal: „Mutter, alle reden vom Ozean. Wie weit und wunderbar und wie gefährlich es da ist. Bitte zeig mir den Ozean. Ich will ihn auch einmal sehen!"

Die Mutter schwamm mit ruhigen Körperbewegungen anmutig weiter und sagte zu ihrem kleinen Fisch: „Warte noch ein wenig, dann bist du bald so weit, daß du den Ozean siehst."

Ein junger Unternehmer ging mit seinem Vater am ersten Arbeitstag durch die große Werkhalle. Sie begrüßten freundlich alle Mitarbeiter an den Maschinen. Es war ein schöner Tag heute.

Da sagte der frischgebackene Nachfolger auf einmal: „Vater, alle reden vom europäischen Markt und vom Weltmarkt. Welche großen Möglichkeiten sich da bieten, aber auch wie schwierig es werden wird. Bitte, du kennst dich doch aus, was können wir unternehmen für die Zukunft? Ich wünschte, ich könnte die Zusammenhänge erkennen!"

Der Vater ging ruhigen und doch festen Schrittes weiter, begrüßte seine Leute mit einer motivierenden Geste und sagte zu seinem Sohn: „Habe ich dir eigentlich schon mal die Geschichte von dem Fisch erzählt, der den Ozean sehen wollte?"

Dabei blieb er stehen, nahm seinen Sohn väterlich bei dessen Oberarm und deutete mit einer ausladenden Handbewegung in die weite Werkhalle mit all den Maschinen und den Menschen, die da arbeiteten.

Dann sagte er zu seinem Sohn: ,,Siehst du die Mitarbeiter, mit ihren unterschiedlichen Begabungen, Berufen, Tätigkeiten und dem mehr oder weniger großen Eifer, wie sie alle für eine Sache tätig sind? Es ist deine Sache. Siehst du, wie sich in diesem Moment an unterschiedlichen Drehbänken, Bohrwerken, Fräsen, Erodierapparaten Werkstücke verändern? Merkst du, was bei uns beiden jetzt anders ist als eben noch?

Das ist Europa. Und du möchtest gerne erkennen, was das alles zusammenhält? Gut, du kannst jetzt gleich damit anfangen, verstehen zu lernen. Geh und frag deine Leute, was sie tun, warum sie es tun, was sie gerne anders täten. Wenn du sie verstehst, verstehst du die Möglichkeiten, die sich bieten. Noch eins, laß dir Zeit. Der Ozean ist immer größer, als die kühnsten Reisepläne es sein könnten.''

Der Sohn befreite sich lächelnd vom Griff seines Vaters, bedankte sich und ging dann geradewegs quer durch die große Halle hin zu dem Ingenieur, der die Fertigung leitete.

Natürlich konnte der alte Herr nicht mehr hören, was die beiden Männer besprachen, aber später wurde klar, dies war der Tag des Beginns eines Veränderungsprozesses in den Köpfen der Leute.

Der Sohn malte sich ein großes Schild für sein Büro, darauf stand:

Wir wissen nicht, wer das Wasser entdeckt hat, sind aber sicher, daß es kein Fisch war.

8. Lehre und Leere

All das, was in den vorherigen Kapiteln niedergelegt und dargestellt wurde, ist nichts weiter als ein Kochrezept oder eine Speisekarte. Es ist ein Hinweis darauf, wie man es macht, wie es schmeckt, wie es wirkt, wie man es serviert. Allerdings nutzt die Speisekarte nichts, wenn man Appetit hat. Gegen Hunger hilft nur Essen. Konsequenz im Zen: Anfangen, Zazen zu üben.

Die Idee muß Aktion werden, der Gedanke muß sich realisieren, und zwar zen-gemäß: sofort! Je mehr man übt, desto zügiger werden Vorstellungen, Wünsche und Träume zur Realität. Die Umwelt gestaltet sich nach den eigenen Ideen.

Letztendlich – auch ganz zen-gemäß – löst sich alles wieder auf. Je mehr man sein Zazen kultiviert, desto mehr stellt man fest, daß es einen Punkt im eigenen Geist gibt, der leer ist. Ein Punkt, wie ein schwarzes Loch, das alles das, was zuvor gesagt, gedacht, getan, geschätzt wurde, wieder aufsaugt und verschlingt. Im „Herz-Sutra" heißt es dazu: „Form ist Leerheit, und Leerheit ist Form. Leerheit ist nicht verschieden von Form, noch ist Form verschieden von Leerheit. Alle Dinge in der Welt sind leer."

Wenn uns die Lehre zu dieser Leere geführt hat, schließt sich der Kreis. Dies ist der Moment, indem der unendliche Weg sein Ende findet und wieder anfängt.

Wir alle wissen noch aus unseren Physikbüchern der Schulzeit, daß Materie nichts anderes ist als sich bewegende Energie. Es gibt keinen Kern! Wenn wir den Zen-Weg zu Ende gehen, haben wir die Wahrheit unserer Schulbücher erfahren. Die Realität ist leer. Und dieser Unterschied vom Schulwissen zur Gewißheit, von Lehre zu Leere ist derselbe wie der von der Speisekarte zum Steak.

Konsequenz

Stille und Dankbarkeit.

Kommentar zu: Lehre und Leere

Weil wir nach jeder Reise durch die Nacht am neuen Morgen den Wunsch verspüren, uns zu reinigen, uns zu erfrischen, uns gewissermaßen „jungfräulich" dem Prozeß des Lebens anheimzugeben – deswegen beginnt der neue Tag mit dem morgendlichen Ritual der Reinigung. Wer von uns würde schon ungewaschen oder ungepflegt einen Tag beginnen oder beenden wollen.

Eines muß allerdings klar sein: Die Reinigung bezieht sich auf den Körper. Welchen Grund jedoch sollte es geben, den Geist zu reinigen?

Jeder Tag hat auch seine Hindernisse, seinen Ärger, seinen „Mist". Zeitungen, Medien, Gespräche und Geschehnisse konfrontieren uns, ob wir wollen oder nicht, auch mit der Schattenseite des Daseins.

Viele Menschen nennen das überlaufende Faß einfach Streß. Als moderner Mensch gehört Streß einfach dazu, er ist normal und salonfähig.

Die Frage sei erlaubt, ob diese Erklärung uns genügt?

Natürlich genügt eine bloße Erklärung nicht.

Was aber tun, um sich von all dem Mist im Geist zu befreien?

Mord im Fernsehfilm, Gewalt in der Tagesschau, Mißgunst im Bekanntenkreis, Mobbing im Betrieb und Frust im eigenen Körper.

Niemand ist leer von alledem.

Leer werden von etwas, darum geht es – leer werden vom geistigen Mist. Denken wie ein Anfänger ... und dann, wenn wir frisch und neu sind: handeln aus diesem Anfängergeist heraus, und die Welt beugt sich uns zu Füßen.

155

Eine Tasse Tee

Um seine Lehre von der Leere anschaulich zu demonstrieren, nahm ein Zen-Lehrer vor den Augen seines Schülers eine Tasse Tee und schüttete sie aus. Dann fragte er: ,,Was ist jetzt in der Tasse? Schau genau hin.''

Der Schüler sagte: ,,Da ist nichts mehr drin. Sie ist leer.''

Der Meister fragte weiter: ,,Glaubst du, daß anstelle des Tees jetzt Luft in der Tasse ist?''

Der Schüler nickte.

,,Gut'', erklärte der Meister, ,,wenn wir sagen, etwas sei leer, dann meinen wir immer, daß es *leer von etwas* ist. Dein Zimmer ist jetzt leer von Menschen und sicher auch von Elefanten, aber nicht leer von Möbeln. Leer bedeutet also immer leer von etwas. Jetzt betrachte die Tasse noch einmal, ist sie leer von Feuer?''

Der Schüler war erstaunt und antwortete: ,,Natürlich, da ist kein Feuer drin.''

Der Meister lächelte und zeigte ihm die Tasse. ,,Glaubst du auch, daß diese Tasse bei großer Hitze in einem Ofen zu dem gebrannt wurde, was sie jetzt ist?''

Der Schüler nickte.

,,Gut'', erklärte der Meister, ,,Tasse sein heißt, auch Feuer in sich tragen. Aber auch Wasser. Und Luft. Und Wind. Und Licht. Und Sonne.

Diese Tasse ist von allem etwas. Sie ist nicht von sich selbst.

Sie ist leer von einem eigenständigen Selbst. Davon ist sie leer!''

Der Meister stellte die Tasse zur Seite und sah seinen Schüler freundlich an, dann bat er ihn: ,,So, wie in dieser

Tasse alles einander bedingt, bist auch Du nicht leer von allem. Geh jetzt und werde leer von etwas."

Der Schüler war irritiert: ,,Aber Meister, von was soll ich denn leer werden?"

Der Meister lächelte und sagte: ,,Trink eine Tasse Tee mit mir, und leere deine Gedanken darüber."

> „Alle Dinge sind Buddha. Wenn man Buddha wirklich
> gesehen hat, kann man ihn überall sehen.
> Das kann man nicht mit dem Kopf erklären,
> das muß man selbst erleben."
>
> *Nagaya Roshi*

10. Lachen

Auf so vielen Seiten Papier haben Sie bisher nun Zen-Geschichten gelesen, Hinweise, „muß", „darf", „darf nicht", „tue" oder „tue nicht", „Ziele", „Wege", „Meisterschaft" – jetzt reicht's!

Wozu das alles? Nur, um letztendlich alles wieder zu vergessen!? Wegzuwerfen?! Nicht anzuwenden!? Darüber hinauszugehen!? Ohne daran zu hängen!?

Wann geschieht das? Wenn die Freude *grundlos* (!) geworden ist.

Dann spielt dieses permanente Halblächeln der Weisen um die Mundwinkel, und dessen Spannweite reicht von freundlichem Schmunzeln bis zum schallenden Lachen. Das wär's dann!

Kaiser Wu und Bodhidharma

Der Kaiser Wu fragte Bodhidharma: „Was ist der letzte Sinn der heiligen Wahrheiten des Buddhismus?!"

Bodhidharma erwiderte: „Nichts von heilig! Nur leere Weite!"

Und er ging fort, ohne sich umzudrehen.

Zen –
Praxisanleitung

摩訶般若波羅蜜多心經

觀自在菩薩行深般若波羅蜜多時照見五蘊皆空度一切苦厄舍利子色不異空空不異色色即是空空即是色受想行識亦復如是舍利子是諸法空相不生不滅不垢不淨不增不減是故空中無色無受想行識無眼耳鼻舌身意無色聲香味觸法無眼界乃至無意識界無無明亦無無明盡乃至無老死亦無老死盡無苦集滅道無智亦無得以無所得故菩提薩埵依般若波羅蜜多故心無罣礙無罣礙故無有恐怖遠離一切顛倒夢想究竟涅槃三世諸佛依般若波羅蜜多故得阿耨多羅三藐三菩提故知般若波羅蜜多是大神呪是大明呪是無上呪是無等等呪能除一切苦真實不虛故說般若波羅蜜多呪即說呪曰揭諦揭諦波羅揭諦波羅僧揭諦菩提薩婆訶

般若心經

維摩竿丙申年歳三月吉祥日

於廣嚴道場

八十叟

峯山龍禱八大庚春九拜

Sutra des vollkommenen
Herzens
Mineyama Syodo Osho

Der letzte Kreis — die Brücke
von der Theorie zur Praxis

Im nachfolgenden geben wir Ihnen einige Hinweise, Tips und Anleitungen, wie Sie mit einer — möglichst täglichen — Zen-Übung anfangen können. Dies wird selbstverständlich niemals eine Unterweisung durch einen Lehrer ersetzen — mit Sicherheit reicht es jedoch für die ersten Schritte auf dem Zen-Weg aus.

Auf den nächsten Seiten werden Sie eine Vielzahl von Empfehlungen finden — bitte suchen Sie sich nur das heraus, was Ihnen zunächst als angemessen erscheint.

Sie brauchen nicht sofort alle Ratschläge zu beherzigen, es reicht vielmehr aus, zunächst nur einen kleinen Teil zu übernehmen, der sich dann bei Ihnen festsetzt und den Sie im Laufe der Übungen verfeinern. Es kommt immer darauf an, daß Meditation für Sie eine Quelle der Freude ist.

Vorbereitung

Bevor Sie die typische Sitzposition einnehmen, stellen Sie sicher, daß Ihre geistige Atmosphäre ruhig, gelassen und vor allen Dingen frisch ist. Öffnen Sie ein Fenster, damit frische Luft hereinkommt, machen Sie Gymnastik, tanzen oder springen Sie, auch eine Wechseldusche tut gut, Kopfstand durchblutet anständig das Gehirn, und/oder eine Runde Jogging vorweg führt Sauerstoff zu und vertreibt den Schwall der täglichen Gedanken. Auf jeden Fall sollten Sie vor dem Zazen nüchtern sein, also spätestens eine Stunde vorher nichts mehr gegessen haben. Statt dessen ist das Mittel der Zen-Mönche für einen frischen Geist eine Kanne grüner Tee.

Diese Einstimmung vor dem Zazen können Sie durchaus als Ritual begreifen und auch handhaben. Die immer wiederkehrende Art der Vorbereitung stimmt Sie bereits auf die anschließende Übung ein. Es bleibt Ihnen überlassen, *wie* Sie sich vorbereiten, ob Sie in einer festgelegten Abfolge Körperübungen machen, duschen, eine Tasse Tee trinken, sich vor dem Zazen verbeugen oder ein Glöckchen schlagen oder wie auch immer. Weiter unten werden wir Ihnen ein Beispiel eines Rituals vorstellen. Mit der Vorbereitung beginnt jedenfalls bereits die Meditation.

Kleidung

Die Kleidung für die Meditation sollte weit und bequem sein, aus angenehmem Material und luftig. Auf keinen Fall soll die Blutzirkulation behindert werden. Wer sich angemessen anziehen will, kann sich einen japanischen Hosenrock (Hakama) besorgen und dazu einen Kimono mit weit geschnittenen Ärmeln tragen. Hakamas gibt es in Sportfachgeschäften, die auch Judokleidung führen. Die Kleidung sollte auch eine dunkle Farbe haben, um Aufregung oder Störungen zu vermeiden. Auch sie bewirkt bereits eine Einstimmung auf die anschließende Meditationsatmosphäre.

Wichtig ist vor allem eines: Beim Zazen werden *keine* Strümpfe getragen.

Utensilien

Für die Zen-Übung selbst ist es wichtig, eine größere, dicke Unterlage zu haben. Zunächst kann das eine Decke, später sollte es ein Futon mit den Ausmaßen 90 x 90 cm sein. Die Unterlage ist notwendig, damit die Knie nicht zu hart auf den Boden gedrückt werden.

Das wichtigste „Arbeitsgerät" beim Zazen ist das Sitzkissen (Meditationskissen). Seien Sie achtsam, und experimentieren Sie mit verschiedenen Kissen, damit Ihr Kissen genau die für Ihren Körper und Ihren Sitz entsprechende Höhe hat (siehe weiter unten, unter „Sitzhaltung").

Statt des Kissens kann auch ein Holzbänkchen benutzt werden. Es findet dann Verwendung, wenn Sie nicht in der Lage sind, mit einem Sitzkissen die Knie fest auf den Boden zu bringen. Sie können die Zazen-Übung durchaus im Fersensitz mit einem solchen Bänkchen praktizieren.

Wenn Sie auch hierbei Probleme haben sollten, die Beine zu beugen und somit der Fersensitz nicht anwendbar ist, können Sie durchaus auf einem Stuhl Zazen praktizieren. Der Stuhl sollte jedoch nur so hoch sein, daß die Oberschenkel und der Fußboden in ungefähr parallel verlaufen.

Sinnvoll ist es, sich ein kleines Gefäß für Räucherstäbchen zu besorgen. Füllen Sie sehr feinkörnigen Sand hinein und stecken Sie dort das Stäbchen ein. Es sollte sich um japanisches Räucherwerk handeln, das sehr fein im Geruch ist. Verwenden Sie nicht die indischen oder tibetischen „Rauchgranaten", sie sind in ihrer Wirkung zu stark. Neben der anregenden Wirkung des Räucherstäbchens dient es auch dazu, die Zeit zu messen. So kann Ihre Zazen-Übung die Dauer eines Räucherstäbchens haben.

Besorgen Sie sich eine schlichte Vase, in der Sie immer eine Blume oder einen Zweig entsprechend der Jahreszeit stehen haben. Halten Sie das Räucherfäßchen immer von der heruntergefallenen Asche und von den abgebrannten Stäbchen sauber, und gießen Sie täglich frisches Wasser in die Vase.

Machen Sie sich eventuell auch auf die Suche nach einer kleinen Buddha-Statue, die Ihnen gut gefällt.

Am Anfang der Zen-Übung ist es noch sinnvoll, sich eine Uhr hinzulegen oder einen Timer, damit Sie die Dauer Ihrer Zazen-Sitzung abschätzen können.

Für das Ein- und Ausläuten der Sitzrunden können Sie sich eine Glocke besorgen, die Sie in bestimmter Weise anschlagen.

Während der Übung des Zazen sollten Sie auf Musik jeglicher Art − auch sogenannte Meditationsmusik − verzichten.

Ort

Finden Sie für Ihre tägliche Zen-Übung einen festen Platz. Am besten richten Sie ihn so ein, so daß Sie ihn, wann immer Sie mögen, aufsuchen können. Er sollte möglichst etwas abgelegen sein, so daß Störungen ausgeschlossen sind.

Die Ausstattung sollte schlicht sein, die Zufuhr von frischer Luft muß gewährleistet sein. Am schönsten ist es, wenn die Möglichkeit besteht, in Kontakt zu der Natur und zu den Jahreszeiten zu treten. Richten Sie diesen Ort entsprechend Ihrem Geschmack ein, und machen Sie den Familienangehörigen klar, daß dies „Ihr Platz'' ist und daß Sie zu bestimmten Zeiten nicht gestört werden möchten. Das wird vielleicht am Anfang zu einer gewissen Irritation führen, oder man belächelt Sie, nach einiger Zeit legt sich das.

Es gibt einige Grundsätze für die Einrichtung eines solchen Meditationsplatzes:

- Reinheit: Halten Sie den Ort immer sauber. Es soll nirgendwo Staub anhaften. Schön ist, wenn die Möglichkeit besteht, in Kontakt zu der Natur oder zu den Jahreszeiten zu treten. Er soll eher kühl als warm sein.
- Schlichtheit: Der Ort soll eine Stimmung von Bescheidenheit, Leere und Zurückgenommenheit ausstrahlen. „Weniger ist mehr.'' Lieber alte und gebrauchte Gegenstände als neue, große und protzige.
- Harmonie: Farben, Formen, Linien und Flächen sind harmonisch aufeinander abgestimmt in unaufdringlicher Asymetrie.

— Stille: Ihr Platz soll selbst Stille ausstrahlen wie auch möglichst unbeeinträchtigt von Geräuschen sein. Starke Reize, sei es durch Töne, Düfte oder Farben, schließen Sie bitte aus.

Wesentlich ist, daß die Aufmerksamkeit nicht abgelenkt wird, sondern daß der Geist die Möglichkeit hat, zur Ruhe zu kommen.

Zeit

Eine sehr gute Zeit für die Zazen-Übung ist der frühe Morgen nach dem Aufstehen und der Gymnastik oder dem Frühsport und der anschließenden Dusche. Um diese Zeit ist der Geist in der Regel noch sehr ruhig, aber schon wach. Die Zen-Übung bereitet Sie auf den Tag vor.

Ebenfalls eine sehr gute Zeit zum Meditieren ist die Zeit vor dem Schlafengehen, um den Geist noch einmal zu beruhigen für einen angenehmen und friedvollen Schlaf. Da oftmals der Geist durch das Tagesgeschehen noch ziemlich unruhig ist, empfiehlt es sich, vorher eine kräftige Körperübung zu machen, die die Atmung auf Trab bringt. Die Gedanken werden durch Körperarbeit verscheucht. Das Zazen fällt einem anschließend erheblich leichter.

Von absoluter Wichtigkeit ist die *Regelmäßigkeit*.

Einmal täglich üben, das sollte für den Anfang genügen.

Ebenso sollten Sie die Übung immer zur selben Zeit und am selben Ort praktizieren. Es tritt dann schon nach kurzer Zeit die Gewöhnung und die Freude an der Stille ein.

Den Geist zu reinigen wird Ihnen im Laufe der Zeit zu einem genauso selbstverständlichen Bedürfnis werden wie die Körperreinigung.

Dauer

Normalerweise sind die Zazen-Perioden auf 25 Minuten bemessen. Als Anfänger sollten Sie jedoch kürzer üben. Sie können mit zehn Minuten anfangen und sich dann langsam steigern. Es ist nicht notwendig, daß Sie zügig vorangehen. Viel wichtiger ist es, daß Ihnen die kürzere Zeit Freude bereitet. Seien Sie gewiß, daß Freude ein stärkerer Motor ist als Pflicht.

Muten Sie sich zu Beginn Ihrer Übung nicht zu viel zu. Besser ist es, regelmäßig zehn Minuten zu sitzen als dann und wann mal eine halbe Stunde zu üben. Kontinuität ist die Grundlage für Transformation.

Legen Sie Ort, Zeit und Dauer Ihrer Übung so fest, daß sich daraus ,,Ihre Zeit'' entwickelt. Nehmen Sie sich ,,Ihre Zeit'' und lassen Sie sich durch nichts und niemanden in dieser Ihnen gehörenden Zeit stören oder sich davon abhalten. Sie werden alsbald feststellen, daß Sie in dieser Zeit Lebenskraft und Lebensfreude schöpfen.

Sitzhaltung

Der Königssitz ist der Lotussitz. Es ist jedoch nicht wichtig, sofort mit diesem anzufangen. Wichtig ist nur, daß Sie einen aufrechten Rücken auf einer festen Basis haben und somit der ungehinderte Fluß des Atems möglich ist.

Die feste Grundlage besteht aus drei Punkten auf dem Boden: den beiden Knien und dem Hinterteil.

Die feste Sitzposition erreicht man zum Beispiel durch den Fersensitz, wenn man auf einem Bänkchen hockt. Wenn man auf einem Meditationskissen sitzt, muß man besonders darauf achten, daß die Knie auf den Boden gepreßt werden. Ist das nicht der Fall, hilft meistens das Nachstopfen des Kissens, so daß man höher sitzt und die Knie besser die Möglichkeit haben, auf den Boden zu kommen.

Liegen die Knie nicht auf, so ist der Sitz wackelig. Man sitzt leicht schief. Die Atmosphäre von „Aufrichtigkeit" geht verloren, und es treten schnell Schmerzen und Probleme im Rückenbereich auf.

Knie und Gesäß bilden ein Dreieck. Aus dem Dreieck erhebt sich gerade die Wirbelsäule nach oben. Wichtig ist, daß der Brustkorb nicht eingefallen ist, sondern sich streckt. Der Unterbauch ist leicht nach vorn geschoben. In ihn wird hineingeatmet. Der Nacken ist gestreckt. Ohren und Schultern bilden eine Waagerechte, Nase und Nabel eine Senkrechte. Das Kinn ist leicht zurückgezogen, die Augen sind halb geöffnet und fixieren einen Punkt, der etwa einen Meter vor dem Sitzkissen auf dem Boden ist. Die Schultern hängen locker nach unten. Der Tonus des Körpers ist „aufrecht".

Die Hände liegen im Schoß, entweder in einer Mudra oder ineinandergelegt am Bauch anliegend, etwas unter dem Bauchnabel. Die linke Hand liegt in der rechten. Man kann dann die Daumenspitzen zusammenführen, so daß sie sich *leicht* berühren. Die Daumen sollen weder Berg noch Tal bilden, sondern eine gerade Linie (siehe Abbildung).

Man kann auch die Hände ineinanderlegen, wobei die linke Hand den rechten Daumen umfaßt und die Hände im Schoß liegen.

Stellen Sie sich einfach vor, daß ein starker großer Baum durch Sie hindurchwächst, dann werden Sie die richtige Position finden.

Die Augenlider sind niedergeschlagen, aber nicht geschlossen. Die Augen sind so geöffnet, daß der Blick nach unten geneigt ist und sanft den Punkt am Boden sicher hält. Vorsicht beim Augenschließen! Sobald Sie die Augen geschlossen haben, werden Sie sich in Gedanken und Träumen verlieren. Ein wacher Geist bedingt offene Augen.

Wurde die Sitzposition (Lotus, halber Lotus, burmesischer Sitz, Fersensitz, Sitz auf dem Stuhl − siehe Fotos auf den nachfolgenden Seiten) eingenommen, ist es hilfreich, noch einmal hin und her zu ruckeln und genau die Balance zu finden. Ist das Gleichgewicht gefunden, atmen Sie zweimal tief aus dem Bauch (Hara) aus und zentrieren sich zunächst auf diesen Körperpunkt. Dann gehen Sie nochmals Ihren Körper durch und überprüfen und korrigieren eventuell ganz behutsam die Sitzhaltung: Liegen die Knie fest auf dem Boden? Ist der Unterbauch leicht nach vorn gedrückt? Ist der Rücken gerade und der Nacken gestreckt? Ist das Kinn angezogen, sind die Schultern locker, und ist die Muskulatur entspannt?

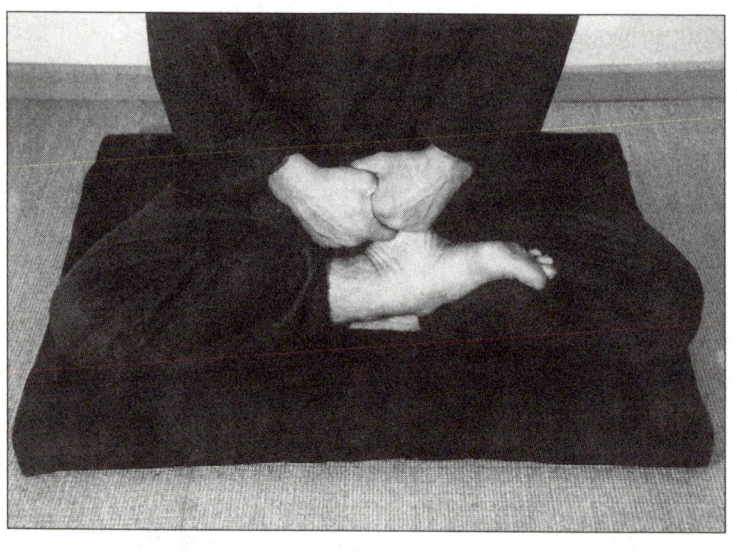

174

Während der dann eintretenden Meditationsperiode bewegen Sie Ihren Körper *nicht mehr.* Halten Sie den Körper *absolut still,* bis die Meditation *zu Ende ist.*

Noch eine Bemerkung zum Sitzkissen. Das Sitzkissen ist Ihr Arbeitsgerät. Je besser Sie in den halben Lotus oder in den vollen Lotus kommen, desto niedriger kann das Kissen sein, da die Wirbelsäule bei diesen Sitzpositionen sehr aufrecht ist. Das Sitzkissen muß um so höher sein, je weniger Sie diese Position beherrschen, da sich ansonsten die Wirbelsäule nach vorn beugt und Verkrampfungen eintreten können. Bitte *seien Sie sehr achtsam* mit diesem Arbeitsgerät. Ein zu flaches Sitzkissen kann zu Verkrampfungen führen, wenn Sie den Sitz noch nicht beherrschen. Trainieren Sie mit dem Kissen, damit Sie später beim Zazen felsenfest und federleicht zugleich sitzen können. Der Inhalt des Sitzkissens ist in der Regel Kapok. Die Sitzkissen müssen von Zeit zu Zeit nachgestopft werden, da sie ansonsten zu flach werden.

Geisteshaltung

Die Geisteshaltung beim Zazen ist Wachheit. Erkenntnis tritt nur ein auf der Grundlage eines wachen Geistes. Aus diesem Grund heißt der Buddha auch „der Erwachte" (nicht der „Verschlafene" oder „Verträumte"). Ihre Geisteshaltung soll aufmerksam, kühl, beobachtend, hell und klar sein. Es ist eine Aufmerksamkeit voller Kraft. Sie gleicht eher einem Löwen denn einem Schaf. Nochmals, es geht nicht darum, sich mollig wohl zu fühlen, auf höherer Ebene zu dösen, in die Vergangenheit zu schweifen oder von der Zukunft zu träumen. Es geht um Wachheit in diesem Moment. Es ist die Wachheit eines Schwertkämpfers vor dem Kampf um Leben und Tod. Man nennt diese Wachheit *Zanshin*.

Wenn Sie sich zur Meditation hinsetzen, dann fangen Sie sofort und ernsthaft an, diese Geisteshaltung einzunehmen. Seien Sie dynamisch beim Herstellen dieses Zustandes, und halten Sie diese geistige Verfassung während der gesamten Meditationsperiode aufrecht.

Atem zählen/Atembetrachtung

Die Übung für Anfänger, aber auch die Übung für Fortgeschrittene zu Beginn Ihrer Meditation ist *immer* die
Atembetrachtung. Mit ganzer Kraft und Hingabe ist die
eigene Achtsamkeit auf den Atem zu richten.

Zu Beginn der Übung sollten Sie mehrmals ganz tief ausatmen, sich leer machen, den Oberkörper dabei aufrich-
ten und strecken. Der Bauch ist etwas nach vorne ausge-
wölbt. Dort hinein soll dann die Atmung erfolgen. Mit dem
Hara atmen. Wenn Sie ganz ausgeatmet haben, spüren Sie,
wie der Atem einströmt. Lassen Sie das ganz natürlich geschehen. Es soll ein sanftes Strömen sein. Der Atem soll
möglichst nicht stocken. Lassen Sie ihn unbeeinflußt ein-
und ausströmen, und verfolgen Sie die Atmung mit Ihrem
Bewußtsein.

Machen Sie nichts, managen Sie nichts, lassen Sie den
Körper einfach nur atmen. Spüren Sie das Einströmen der
Luft an der Nasenspitze, das Kühlwerden der Nase, das
Weiten der Brust beim Einatmen, den Augenblick, wenn
die Luft in den Hara strömt, die Umkehr der Atmung und
das Ausströmen, das Warmwerden der Nase beim Ausströmen der Atemluft. Kümmern Sie sich um nichts anderes, egal, was passiert, zählen Sie dann das Ein- und Ausatmen von eins bis zehn, sonst nichts.

Atmen Sie auf eins ein, und atmen Sie auf eins aus, atmen Sie dann auf zwei ein und atmen Sie auf zwei aus
usw. ... bis Sie bei zehn angekommen sind.

Kommt Ihnen ein Gedanke dazwischen – fangen Sie
wieder von vorne bei Eins an. Lassen Sie sich nicht irritie-

ren, bewerten Sie nicht oder verurteilen Sie sich nicht dafür. Gedanken, Gefühle, Bilder usw. sind natürlich, sie dürfen da sein, lassen Sie sie nur einfach kommen und vor allen Dingen wieder gehen. Jeder Atemzug ist neu, spüren Sie das.

Die fortgeschrittene Übung ist, nur das Ausatmen zu zählen, von eins bis zehn. Üben Sie das als weitergehende Übung genauso intensiv, bis Sie es beherrschen.

Danach – in der dritten Stufe – betrachten Sie nur noch den Atem, ohne zu zählen. Legen Sie wieder all Ihre Kraft, Ihre Aufmerksamkeit und Zuneigung in diese Übung des reinen Atembetrachtens. Sie werden in einen ganz neuen, inneren Raum eintreten.

Umgang mit Gefühlen und Gedanken, Willensregungen und körperlichen Beschwerden

Immer wieder werden Gefühle, Bilder, Gedanken, Erinnerungen, Bewertungen, Stellungnahmen Ihren Geist von der Übung der wachen klaren Wahrnehmung ablenken. Das ist normal! Das Ziel ist, sich diesen Gedanken, Gefühlen, Willensregungen usw. nicht mehr auszuliefern, nicht mehr auf sie aufzuspringen und sich nicht mehr mitnehmen zu lassen. Behalten Sie immer den Standpunkt des wachen Beobachters. All diese Störungen mögen kommen – lassen Sie sie aber einfach wieder gehen.

Wenn also während einer Sitzübung Gedanken auftauchen, die Sie kurzzeitig fesseln – macht nichts – einfach weitermachen in der anschließenden Atembetrachtung.

Sie können bei sich feststellen: ,,Aha, da ist ein Gedanke'' – darauf kehren Sie wieder zurück zum Atem, zur Betrachtung und zum Zählen. Genauso verfährt man, wenn Störungen von außen kommen, sei es durch Geräusche, Gerüche, Objekte, die im Blickfeld auftauchen. Nehmen Sie sie wahr, lassen Sie sie weiterziehen, und zählen Sie weiter. Wichtig ist nur, daß man für sich entschieden hat, daß all das, was im Bewußtsein auftaucht, nicht eine Störung ist, sondern Wirklichkeit. Dann wird weitergezählt.

Nichts erreichen

Betrachten Sie die Übung des Zazen einzig und allein als
,,Ihre Zeit". Freuen Sie sich darauf, halten Sie jedoch die
Sitzübung frei von Nützlichkeitserwägungen. Es geht einzig und allein darum, die Haltung des Zazen einzunehmen
und klaren Bewußtseins zu sein. Betrachten Sie alles, was
kommt und geht. Nichts erreichen wollen, nichts erwarten, nichts erhoffen, nichts erwägen, das ist die Haltung
des Zazen. Erwarten Sie nicht, daß die Zen-Übung nutzt,
haben Sie auch keine Befürchtungen, daß sie schadet –
etwa wenn Ihnen einmal die Knie weh tun sollten. Wichtig ist allein – nehmen Sie sich Ihre Zeit für *Ihre tägliche
Übung.*

Irgendwann einmal werden Sie das ,,Nichts" in seiner
ganzen Fülle erfahren.

Übung mit anderen

Selbst wenn Ihre geplante Zen-Übung nur sehr kurz sein sollte, wird es Ihnen äußerst schwer fallen, diese täglich einzuhalten. Der Tag hat zwar 24 Stunden — doch schaffen es die wenigsten von uns, 15 bis 30 Minuten davon abzuzweigen, um unseren Geist zu schulen. Ein Grund dafür ist, daß die Zen-Übung erst nach einiger Zeit Wirkung zeigt, dagegen aber zu Beginn schonungslos die Schwächen unseres eigenen Geistes, die Unruhe oder die Trägheit offenlegt.

Deshalb gilt die Empfehlung, zu zweit oder zu mehreren zu üben. Das fällt am Anfang leichter. Die Energie scheint sich zu potenzieren, wenn mehrere gemeinsam üben.

Wenn es Ihnen möglich ist, so motivieren Sie jemanden, mitzumachen, oder aber schließen Sie sich einer Zen-Gruppe an. Ein Hilfsmittel, um bei der Stange zu bleiben, ist, eine Funktion zu übernehmen. Man steht zunächst in der Pflicht, bis einem Zazen zur Selbstverständlichkeit geworden ist. Ab da fällt es auch leicht, allein zu üben. Falls es in Ihrer Nähe also einen Zen-Kreis oder einen Zen-Lehrer gibt, so nehmen Sie Kontakt auf. Bei einer angeleiteten Übung vermeiden Sie auch kleine Fehler, die sich ansonsten einschleichen und verfestigen, Sie schreiten zügiger und eindeutiger voran.

Übergang zum Alltag

In der Übung wird sich im Laufe der Zeit Achtsamkeit, Stille und Freude entwickeln. Achten und erkennen Sie diese innere Atmosphäre, und wenn die Übung beendet ist, legen Sie die Hände zusammen, verbeugen sich und lassen Sie ganz bewußt in sich ein Gefühl der Dankbarkeit entstehen. Erheben Sie sich, treten Sie vor die Sitzmatte und verbeugen Sie sich dort noch einmal. Nehmen Sie das Gefühl der Dankbarkeit und Freude mit in den Tag.

Wenn Sie die Übung abends gemacht haben, so nehmen Sie die Stille und Freude mit in den Schlaf.

Morgen-Zazen
Beispiel eines persönlichen Rituals
mit Zen-Meditation

Aufstehen-Ritual

– Fenster öffnen für Frischluft,
– Teewasser kochen für grünen Tee,
– Reinigung des Meditationsplatzes,
– frisches Wasser für die Blumen,
– Säubern des Gefäßes für Räucherstäbchen,
– Tee fertig machen und in eine Thermoskanne füllen,
– Kopfstand und Gymnastik, Liegestütze,
– Wechseldusche kalt/warm,
– Meditationskleidung anziehen,
– Tasse mit grünem Tee trinken,
– vor die Meditationsmatte treten, Verbeugung, *Stimmung:* wach und freudig,
– Hinsetzen, Kerze anzünden, Räucherstäbchen anbrennen,
– richtige Sitzhaltung auf dem Kissen finden.

Beginn der Meditation

– Viermal Glocke schlagen,
– zweimal tief ausatmen, leise ausströmen lassen,
– von jetzt ab absolut still sitzen, keine Bewegung mehr,
– Augen halb schließen, Punkt auf dem Boden finden und halten,

- Körperhaltung durchgehen, Knie, Schenkel, Unterbauch, Wirbelsäule usw.,
- Nase und Nabel senkrecht, Ohren und Schultern waagerecht,
- Geisteshaltung durchgehen,
- wach, klar, kühl, kraftvoll und dynamisch,
- Atembetrachtung. Sich dem Atemfluß hingeben (Harapunkt halten, ganz Atem werden, innen und außen eins),
- Zählen der Atemzüge von eins bis zehn und von vorn beginnen,
- nicht ablenken lassen, punktgenau bleiben, präzise, nicht denken! Beobachtung! Nicht managen! Gelassenheit!

Ende der Meditation

- Viermal Glocke schlagen.

Ritual

- Kerze löschen,
- Räucherstäbchen löschen,
- aufstehen, vor die Matte treten, Verbeugung,
- Stimmung: wach und dankbar,
- Kleidung ausziehen und ordentlich weglegen,
- eine Tasse grünen Tee trinken.

Tagesbeginn

- Frühstück, Tagesbeginn nach persönlichem Usus.

Anhang

Glossar

Do — japanisch: Weg, chinesisch Tao
Im Buddhismus bedeutet Do allgemein: den Weg des Buddha gehen, den Weg zur Erleuchtung gehen. Das ist der Butso-Do. Die in Japan im Geist des Zen entwickelten Wege, die als praktische Schulungswege des Zen gelten, haben alle diesen Do-Begriff.

Enso — japanisch: Kreis
Der Kreis ist ein Symbol der absoluten Wirklichkeit, und er steht für Erleuchtung, Vollendung des Weges. Gerade Zen-Meister üben sich immer wieder im Tuschezeichnen. Der mit einem kräftigen und flüssigen Pinselstrich hingeworfene Kreis ist ein Ausdruck ihres Bewußtseinsstandes.

Koan
Das Koan ist ein Mittel zur Schulung im Zen, zum Beispiel eine Geschichte aus dem Leben alter Meister, ein Zwiegespräch zwischen Meister und Schüler, ein Text aus einem Sutra, eine allgemeine Darlegung eines alten Lehrers.

Das Koan ist ein Paradox, das nicht mit dem logischen Denken gelöst wird, sondern auf einer anderen Ebene — oftmals durch eine Handlung —, immer aber äußerst direkt. Das Koan wird im wesentlichen im Rinzai-Zen gebraucht, während das Soto-Zen vorwiegend auf das stille Sitzen in klarer Wachheit Wert legt.

Roshi
Roshi bedeutet alter, verehrter Meister. Es ist eine Bezeichnung für einen alten Zen-Lehrer, der seine Schüler auf dem Weg zu deren eigener Erfahrung inspiriert, anleitet, ihnen hilft und sie bestätigt. Der Titel Roshi ist nicht unbedingt gebunden an den Mönchsstatus, auch alte verehrungswürdige Meister im Laienstand erhalten diesen Titel.

Teisho
Ein Teisho ist ein Vortrag durch einen Roshi, jedoch nicht Vortrag im intellektuellen Sinne, sondern ein Darbringen, Zeigen, Bewirken, daß etwas zum Tragen kommt und etwas aufgeweckt wird. Gerade all das, was ,,nicht Intellekt'' ist, wird angesprochen und berührt.

Zen
Zen ist Zen ist Zen ist Zen.

Mumon Kan
Wörtlich übersetzt ,,die torlose Schranke'', eine der beiden wichtigsten Koan-Sammlungen der Zen-Literatur. Es wird zumeist für Anfänger genutzt und wurde von dem chinesischen Zen-Meister Mumon Ekai zusammengestellt. Es besteht aus 48 Koan, die der Lehrer dem Schüler zur Lösung aufgibt.

Hekigan-Roku
Übersetzt mit ,,die Niederschrift von der smaragdenen Felswand''. Die andere grundlegende Koan-Sammlung der Zen-Literatur, die durchgearbeitet wird, wenn das Mumon Kan beendet wurde. Es ist eine Sammlung von 100 Koan, die mit dem Lehrer erarbeitet werden.

Dogen Zenji

Japanischer Meister der Soto-Richtung, 1200 – 1253; er war einer der bedeutendsten Gründer und Meister des Zen in Japan.

Rinzai

Chinesischer Zen-Meister, ca. 800 bis 866; er ist der Begründer der äußerst vitalen, zupackenden Rinzai-Richtung. Rinzai-Zen gehört neben der Soto-Richtung zu der noch heute lebendigen Zen-Tradition in Japan.

Hakuin Zenji

Japanischer Meister der Rinzai-Richtung, 1686 – 1769; einer der bedeutendsten Lehrer und Erneuerer des Rinzai-Zen, der die Koan-Schulung systematisierte. Er betonte die Wichtigkeit der Praxis des Zazen. Er war zudem ein genialer Schriftmeister, Maler und Bildhauer.

Nagaya Roshi

Wegbereiter des Zen im Nachkriegsdeutschland. Er hat durch seine Sesshin und seine unvergleichliche Darlegung des Zen viele Schüler auf den Weg gebracht. Er war Laienmeister.

Oi Saidan Roshi

Oberster Abt des Hoko Ji-Tempels. Mittlerweile 80jährig leitet er noch immer Schüler an, die Essenz des Zen zu erfahren. Die Ausbildung ist traditionell und hart, die Inhalte sind weit und offen. Viele Schüler aus Deutschland sind ihm für seine Unterweisungen aus tiefstem Herzen dankbar.

Literaturempfehlungen

„Zen in der Kunst des Bogenschießens", Eugen Herrigel, O.W. Barth Verlag: Klassiker in der Zen-Literatur, Prof. Herrigel beschreibt den Schulungsweg im Zen und Bogenschießen.

„Der leere Spiegel", Willem van de Wetering, rororo: Beschreibung eines einjährigen Aufenthaltes in einem japanischen Kloster. Trifft ins Herz des Zen und ist sehr leicht zu lesen.

„Siddhartha", Hermann Hesse, Suhrkamp: Wunderbare Erzählung über den Lebensweg eines „zweiten Buddha", immer wieder zu lesen, immer wieder neu.

„Zen im Alltag", Charlotte Joko Beck, Knaur: Das Buch ist eine einfühlsame und kompetente Einführung ins Zen von einer amerikanischen Zen-Meister*in*.

„Zen als Lebenspraxis", Robert Aitken, Diedrichs, Gelbe Reihe: Gute Einführung in die Lehre und die Übung.

„Die Praxis des Zen", Garma C.C. Chang, Aurum Verlag: Viele Ratschläge und Empfehlungen bei Problemen mit dem Sitzen und dem Alltag. Für viele „das Buch" zum Anfang; von einem chinesischen Zen-Meister.

„Die drei Pfeiler des Zen", Philip Kapleau, O.W. Barth Verlag: Gute und umfassende Darstellung der Zen-Übung und viel Anekdotisches. Europäischer Zen-Meister.

„Zen-Training", Katsuki Sekida, Herder/Spektrum: Ein Muß, wenn man Technik und Inhalt der Zen-Übung kennenlernen will. Japanischer Zen-Meister.

„Das Spektrum des Bewußtseins", Ken Wilber, Scherz-Verlag: Der „Einstein" der Psychologie mit der besten Darstellung über Wahrnehmungs- und Bewußtseinsebenen.

„Zu wissen, wann man kämpfen soll", Thomas Cleary, Aurum-Verlag: Beschreibung der Verbindung von Kampfkünsten und Zen-Buddhismus in äußerst differenzierter Auslegung.

„Ein Leben auf dem Teeweg", Soshitsu Sen, Theseus-Verlag: Wunderschöne Beschreibung eines japanischen Teemeisters über sein Leben und den Ausbildungsweg.

„Meditationstechniken für Manager", Rupert Lay, Ullstein: Präzise Darstellung der Zen-Meditation neben einer Vielzahl von anderen Meditationen.

„Zen für Manager", R. Ritskes, Diedrichs: Beschäftigt sich im wesentlichen mit Zen unter dem Gesichtspunkt des Denkens (und des Verstandes).

„Meditationen für Manager", Peter Zürn, Herder: Sprachlich wunderbare Darlegung über Meditation. Das Lesen wird selbst zur Meditation.

„Alter Pfad, weiße Wolken", Thich Nath Hanh, Theseus-Verlag: Lebensweg des historischen Buddha.

„Das Lexikon des Zen", O.W. Barth-Verlag: Sehr gute Übersicht zu den wesentlichen Themen des Zen.

Institutionen

Wenn Sie Zazen üben wollen – unter Anleitung und/oder gemeinsam mit anderen –, dann findet sich sicher in Ihrer Nähe ein Zentrum, in dem Zen praktiziert wird. Es gibt mittlerweile eine Vielzahl von qualifizierten Lehrern, die Ihnen zu Beginn, in der Mitte und zum Ende des Weges weiterhelfen. Wenn Sie Informationen benötigen über Inhalt, Ort und Art des Trainings, können Sie sich an folgende Adressen wenden:

Shido-Worpswede
Zen und Seminarzentrum
Dr. Bernd Joschke/Peter Stemmann
Osterweder Str. 21
27726 Worpswede

Deutsche Buddhistische Union e.V.
DBU
Amalienstr. 71
80799 München